Nur ein paar Stündchen

Nix wie raus, ganz schnell ins Grüne. Auch mit wenig Zeit lässt sich Großartiges erleben. Kleine und große Abenteuer warten direkt vor der Haustür.

4H

Raus für einen Tag

Man muss nicht das Land verlassen, um neue Welten zu entdecken. Einfach mal einen Tag lang raus aus dem Alltagsallerlei und rein in die Natur.

12H

Ferien für ein Wochenende

Warum auf die große Auszeit warten, wenn man einen Wochenendtrip in der Nähe machen kann? Vergnügen, Abenteuer und Wohlgefühl kompakt und intensiv.

36H

LIEBE LESERIN, LIEBER LESER,

Laufen, Radeln, Schwimmen – die Disziplinen des Triathlons sind auch die beliebtesten Urlaubsaktivitäten in der Chiemseeregion und in den Chiemgauer Bergen. In der Landschaft vom Inntal bis Inzell kann man sich naturnah, nachhaltig und bewegungsintensiv erholen.

Und zwar zu allen Jahreszeiten und in vielen Kombinationen: Wie wäre es mit einer Biketour und einem See-»Einihupf«? Oder einer Radltour mit einem Renkenfilet zum Abschluss? Im Winter locken Langlaufloipen, Rodelstrecken und Skirouten zum Fresh-Air-Snapping. Oben in den Bergen sind manche im Frühjahr noch mit Schneeschuhen unterwegs, wenn sich die Ersten im Tal schon in den See wagen. Urige Almen, Biergärten und gute regionale Küche runden die persönliche Lieblingstour ab.

Viele wunderbare Eskapaden im Chiemgau wünscht Ihnen, dir und euch

PS: Informationen zum GPX-Download gibt's auf Seite 224.

AUSZEIT.
ABENTEUER.
LEBENSFREUDE.

1. KAPITEL ABSTECHER

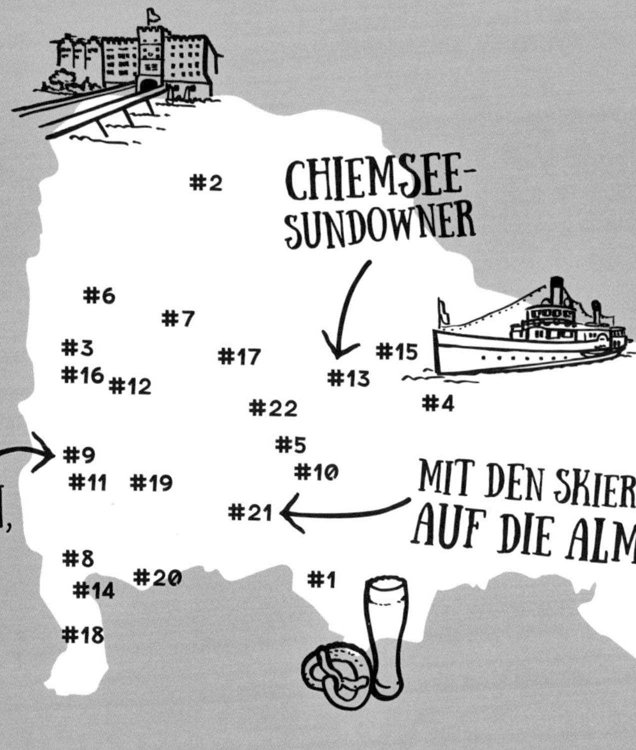

Nur ein paar Stündchen

4H

Reizvolle Naturkleinode, sportliche Kurztrips und immer wieder neue Blicke auf Seen und Berge – die kleinen Auszeiten sind halbtagstauglich und mit Pfiff.

LEBEN AUF FREIEM FUß

... in Reit im Winkl

#1 *Die Berge rund um Reit im Winkl bieten eine Vielzahl von Wanderrouten. Doch auch in Ortsnähe kann man etwas erkunden – nämlich den eigenen Körper im Barfußpark.*

#Bayernbarfuß #denKörperspüren #Wasserfall

Blick vom Barfußpfad auf Reit im Winkl und den Wilden Kaiser, am Ortsrand liegt das Gletschermühlenfeld.

Die Bergtour war schön, aber kurz. Das Mittagessen hat auch geschmeckt. Jetzt wäre eine kurze Entspannungsrunde noch ganz nett. Gibt es in Reit im Winkl am Ortsrand – dort kann man im Barfußpark 16 Erlebnisstationen durchlaufen und kneippen. Barfußlaufen ist mittlerweile mehr als ein kurzfristiger Trend, es ist ein Dauerbrenner.

Der natürliche Untergrund wirkt wie eine Fußreflexzonenmassage und sorgt für bessere Durchblutung, die Füße erwärmen sich und die neuartige Bewegung trainiert bisher wenig tangierte Muskelgruppen. Sensomotorik und Gleichgewicht werden verbessert, die gesamte Gehtechnik wird ökonomischer und gesünder durch den Barfußlauf. Beim Barfußgehen setzt man bevorzugt zuerst mit dem Ballen auf – dies fördert die gesamte Körperhaltung und sorgt für einen aufrechteren und auch selbstbewussteren Gang. Völker, die keine Schuhe tragen, kennen praktisch keine Fußprobleme, Fehlstellungen oder Fußkrankheiten. Schuhe, die nicht gut passen oder einengen, beeinträchtigen die Füße – aber auch das feuchte Klima im Schuh ist nicht gerade förderlich.

Wechselnder Untergrund mit verschiedenen Elementen von Wasser bis Holz ermöglicht ganz eigene, natürliche Barfußerfahrungen; rechts: Alpine Könner kraxeln am nahen Klettersteig.

Der Reit im Winkler Barfußpark lädt ein zum behutsamen Kennenlernen des eigenen Bewegungsapparats. Auf den kreativ entwickelten Erlebnisstationen entdeckt man vom Frühling bis zum ersten Schneefall ein völlig neues Gehgefühl – und lebt hier auf freiem Fuß! Auf dem etwa 250 Meter langen Barfußweg geht es über kühle Steine, knorriges Holz und weiches Moos – immer mit Blick auf die Berge ringsum. Auf runden Steinen sind die Flexibilität und Muskelkraft der Füße gefragt – ebenso wie auf den Palisaden und der Holztreppe. Kapelle und Aussichtsbankerl eignen sich für eine Verschnaufpause in der Gesellschaft großer, alter Bäume.

Was die verschiedenen Untergründe für die Füße, ist die Umgebung für Augen und Ohren. Der Barfußpark führt über Wiesen am Hang,

an Bäumen vorbei und schließlich zur Fußgymnastik in der Kneippanlage. Wasserfall, Kapelle und Seerosenteich ergänzen die Erlebnisstationen in dem Barfußpark. Der Duft von würzigen Wiesenkräutern, Nadelbäumen und Holz erfüllt die Luft, während der Blick über die traditionell geprägte Ortschaft gleitet, die von grün bewaldeten Berghängen umgeben ist. Der Kontakt der nackten Füße mit dem Boden erdet alle Sinne und öffnet sie gleichzeitig, macht sie empfänglicher für Düfte, Temperaturunterschiede und die Vielfalt der Elemente.

Tipp: Wer auf den Geschmack gekommen ist, läuft barfuß auf der Ortsrunde weiter, die man noch mit einem Schlenker zum Gletschermühlenfeld erweitern könnte. Gleich hinter dem Barfußpark beginnt ein Klettersteig – vielleicht lässt man sich ja beim Zuschauen zu einem eigenen Kurs inspirieren?

FAZIT: MAL WAS ANDERES – DIE KURZE TOUR HIN ZUM EIGENEN KÖRPER MIT NEUEN, WENIG ERFAHRENEN SINNESEINDRÜCKEN MACHT LUST AUF MEHR.

Hin & weg: Reit im Winkl am Berghang oberhalb der Kirche, Parkmöglichkeiten im Ort. Reit im Winkl ist mit RVO-Bussen gut angebunden, z. B. von Prien und Inzell.

Dauer & Strecke: Aufenthalt im Barfußpark eine Weile, je nach Lust und Laune. Ortsrunde mit Gletschermühlenfeld 1 Std., 3,5 km.

Beste Zeit: Frühjahr–Herbst.

Ausrüstung: Idealerweise barfuß, sonst sind Turn- oder leichte Wanderschuhe ausreichend.

BADEN IM WALD

... im Arboretum Amerang

#2

Ein Schloss mit Mittelaltermarkt, das Bauernhausmuseum und eine Automobilausstellung mit Verkehrsmuseum – die Gemeinde Amerang hat viel zu bieten für einen Besuch. Eine botanische Kostbarkeit ist das Arboretum, in dem es sich bestens »waldbaden« lässt.

#indenWaldtauchen #Baumexoten #LEO #Schlossfeste

Ein tiefer Einschnitt durchzieht den Ortseingang von Amerang bis hin zum Schloss, in dem häufig Kunsthandwerkermärkte und Konzerte stattfinden. Vom kleinen Ameranger Bahnhof aus – im Frühjahr und Sommer fährt hier der Lokalzug LEO – gelangt man zum Eingang des Arboretums. Es ist ein Waldgarten, der Begriff kommt vom Lateinischen »arbor« = Baum. Im nördlichen Alpenvorland ist dies das einzige öffentlich zugängliche Arboretum.

Der 22. Schlossherr, Krafft Freiherr von Crailsheim, rief dieses botanische Projekt 1889 ins Leben. Hier wachsen viele verschiedene, meist exotische und standortuntypische Baumarten in einer Art Baumzoo. Staunen, informieren

Botanische Details, wilde naturbelassene Waldstücke und alte Gehöfte und Mühlen im Bauernhausmuseum – in und um das Nachhaltigkeitsdorf Amerang gibt es viel zu entdecken.

und genießen sind angesagt auf dem urwüchsigen Gelände, durch das ein Bach fließt und wo an den Hängen des Totmanngrabens keine Forstwirtschaft eingreift, sodass sich am Totholz viele seltene Arten ansiedeln können. Nachhaltige Waldwirtschaft erfordert eine gesunde Mischung von Arten. Deshalb wurden auch einige der Baumarten wiedereingebürgert, deren nahe Verwandte schon vor den Eiszeiten in unserer Gegend heimisch waren.

In Amerang konnten sich die Sicheltanne (Chryptomeria japonica), die Hemlocktanne (Tsuga heterophylla) und der Riesen-Lebensbaum (Thuja plicata) in den letzten 30 Jahren besonders gut entwickeln. Interessant sind neben zahlreichen Tannenspezies aus Nordamerika, Japan und Asien auch chilenische Araukarie, Tulpenbaum, Ginkgo und Atlas-Zedern aus Marokko. Insgesamt sind etwa 100 Baumarten vertreten.

In der Heimat der japanischen Baumarten wurde der Begriff »Waldbaden« geprägt, das auf Japanisch »Shinrinyoku« heißt. Anfang der 1980er-Jahre regte die staatliche japanische Forstbehörde an, Waldausflüge als Bestand-

---

Hin & weg: Mit dem Auto von Rosenheim aus über Bad Endorf und Halfing. Origineller ist die Fahrt mit dem LEO, der Lokalbahn, die an vielen Wochenenden teils mit dem Dampfzug zwischen Endorf und Obing verkehrt.

Dauer & Strecke: 2 Std. inkl. Aufsaugen von Infotafeln und viel guter Luft, 1,5 km.

Beste Zeit: Frühjahr–Herbst.

Ausrüstung: Schuhe mit guter Profilsohle.

teil eines guten Lebens zu begreifen. Wissenschaftler haben belegt, dass der Wald wie eine Art Aromatherapie wirkt. Im Arboretum in Amerang lässt es sich bestens durchschnaufen und im frischen Grün ausspannen.

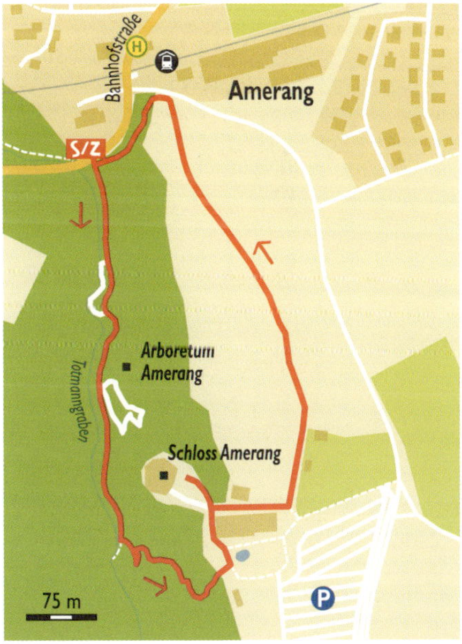

Tipp: Wer Lust hat, verknüpft den Rundgang im Waldgarten mit einer Wanderung durchs Ameranger Freimoos oder stattet den örtlichen Museen einen Besuch ab. Nebenbei bemerkt: In einer Gemeinderatssitzung sprach sich der Ort Amerang gegen einen Discounter im Ortszentrum aus – in Amerang gilt die Philosophie »small is beautiful«.

FAZIT: ORIGINELLER WALDTRIP NICHT NUR FÜR BOTANISCH INTERESSIERTE.

KUNST UND LANDSCHAFT

... an der Innleite bei Rosenheim

#3

Nach dem Rhein, der Donau und der Elbe ist der Inn der wasserreichste Fluss Deutschlands. An dessen Rosenheimer Ufern lässt sich auf dem Innauenweg etwas von der mächtigen Dynamik des Alpenstroms erahnen – und Skulpturen deuten den Fluss künstlerisch.

#KunstundÖkologie #Mondscheinwasser #Innauen

Mit hoher Fließgeschwindigkeit schiebt der Inn seine Wassermassen aus der Schweiz durch Österreich und schließlich durch Bayern, wo Städte wie Rosenheim und Wasserburg lange vom Transport auf dem großen Strom profitierten. Das Inn-Museum (www.rosenheim.de) in Rosenheim liegt in Ufernähe und informiert über die Geschichte des Flusses. Hier ist der Start für eine kurze Wanderung unter dem Motto »Natur und Kultur am Inn«.

In der Nähe staunt man über eine riesige Innplätte: Mit solchen Flößen brachten früher die Schiffsmeister große Warenlieferungen aller Art den Fluss entlang, stromaufwärts treidelte man mit schwer arbeitenden Zugpferden am Ufer die Plätte gegen die Strömung. Ein künstlerisch gestaltetes Metallband im Skulpturenpark zeichnet den Lauf des Flusses nach, verschiedene Gesteine veranschaulichen die Geologie der alpinen Landschaften. Was nebenan aussieht wie überdimensionale Bohrer, sind die Strömungsspiralen des japanischen Künstlers Mukai Katsumi – sie nehmen die Fließenergie des Inns auf und heben sie in die Höhe.

Eine große historische Innplätte: Damit treidelte man früher Waren auf dem Alpenfluss nach Rosenheim.

Auf der anderen Innseite ein Stück flussabwärts schraubt sich ebenfalls etwas in die Höhe, und zwar die Hörner von Gallowayrindern eines Biobetriebs. Über eine Allee altehrwürdiger Kastanien erfolgt der Zugang zum Naturraum Hofau-Innleiten und zu einem ökologischen Rundweg mit vielen Informationstafeln zur Natur und Geschichte des Areals. Hier gibt es noch Restbestände der blütenreichen Innauen, die als Wiesenbrütergebiete den Kiebitz oder den Großen Brachvogel beherbergen, ebenso kommen hier viele selten gewordene Pflanzenarten vor. Der Inn war vor seiner Regulierung wesentlich ausgedehnter, wie alte Karten zeigen. Hochwässer fingen die vielen Nebenarme auf, der Fluss konnte sich ausbreiten. Hiervon sieht man als aufmerksamer Besucher noch einige Überbleibsel. Die Altwasser des Inns dienen der Zucht von Hechten, Karpfen und Edelkrebsen. Konflikte gibt es mit Graureihern und Kormoranen als Fischfeinschmeckern sowie mit einigen Bibern.

Ein Kuriosum auf der Tour ist das Gillitzer Schlösschen, das nach einem Rosenheimer Unternehmer benannt ist. Früher war das Haus Salon großbürgerlicher Kreise und auch

---

Hin & weg: Parken entweder am Inn-Museum oder auf dem Wanderparkplatz 1 km von der Innbrücke entfernt flussabwärts. Oder mit der Bahn nach Rosenheim, gut verbindbar mit einem Stadtrundgang.

Dauer & Strecke: 2 Std., 7 km.

Beste Zeit: Ganzjährig, am reizvollsten im Frühjahr und Sommer, städtisches Freibad in der Chiemseestraße (www.swro.de/baeder).

Ausrüstung: Leichte Sport- oder Wanderschuhe, Badesachen nicht vergessen!

Abenteuer

ESKAPADEN

AUSZEIT

AUSGLEICH

Wochenende

LÄCHELN

STADT. LAND. FLUSS.

LEICHTIG-KEIT

FREE

ERLEBEN

GRÜN

kleine Fluchten

Wege

Lebensfreude

NATUR

GLÜCK

von Andreas Friedrich

Biohof mit Gallowayrindern und sich in die Luft schraubende Bohrer – eine Tour mit Überraschungen!

ein Museum. Die in der Region allgegenwärtigen Römer sind auf weiteren Infotafeln neben dem Baodwirt (www.baodwirt.de) und seinem einladenden Biergarten verewigt – in der Nähe führte eine große Römerbrücke über den Inn. Eine weitere Erfrischungsstation ist die St. Leonhardsquelle. Das magische »Mondscheinwasser« füllen viele Einheimische an einem Brunnen ab. Vom Baodwirt aus gelangt man durch den Rannergraben Richtung Innufer und entlang weiterer Infostationen lesend und diskutierend zum Ausgangspunkt zurück.

FAZIT: DAS INNUFER WIRKT AUF DEN ERSTEN BLICK ETWAS UNSCHEINBAR, HAT ES ABER ÖKOLOGISCH UND KÜNSTLERISCH IN SICH – UNTERHALTSAME KURZTOUR!

NATUR-DETAILS ENTDECKEN

... im Bergener Moos

#4

Mitten im Chiemgau, der Chiemsee im Norden und die Berge im Süden, liegt eine Oase der Stille – das Bergener Moos. Auf einem ausgedehnten Spaziergang lernt man die Reize des ruhigen Naturschutzgebiets kennen.

#OasederRuhe #Naturvielfalt #Landschaftsschutz #Moor

Wasserläufe durchziehen das stellenweise parkähnliche Gebiet. Hier existieren seltene Pflanzen-, Insekten- und Vogelarten wie der Große Brachvogel.

Oben auf dem Fellhorn tobt der Bär: Die Seilbahn bringt in kurzen Abständen neue Gipfeltouristen in die Höhe, die die Aussicht auf den Chiemsee genießen und auch das gute Essen in der Gaststätte. Sogar Jodelkurse bietet man dort oben an, und der Hochfelln-Berglauf zieht als überregional bekanntes Sportevent einmal im Jahr die Massen an. Nichts von alldem nimmt man zu Füßen des Hochfelln wahr, in der Senke unterhalb des Chiemgauer Fremdenverkehrsortes Bergen. Zwischen Bahnlinie und Autobahn im Norden und den Berghängen im Süden liegt hier ganz still und schweigsam das wenig bekannte Bergener Moos.

Die 400 Hektar große Filze entstand als heute verlandetes Gebiet auf dem Areal des ursprünglich viel größeren Chiemsees zu Zeiten, als der Chiemseegletscher abschmolz. Aus dem Bergener Tal dringt hauptsächlich durch die Weißache ständig kalkhaltiges Wasser in das Feuchtgebiet, wodurch sich Flachmoorbereiche entwickeln können. Im kalkfreien Zentrum konnte sich sogar ein kleines Hochmoor bilden.

Wasserstand, Nährstoffe und Kalkgehalt wechseln im Bergener Moos auf kleiner Fläche und schaffen unterschiedlichste Lebensbedingun-

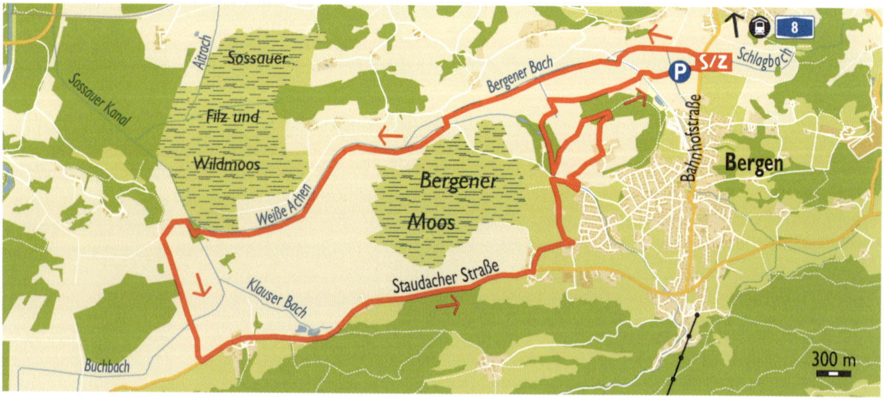

Auch mit Tourenrad oder Mountainbike kann man das NATURA2000-Gebiet Bergener Moos besuchen. Wie wäre es mit einer Kombination mit dem Chiemseeufer (Eskapaden #13 und #15)?

gen für eine reiche Palette an Tier- und Pflanzenarten. Es gibt Pfeifengraswiesen, Groß- und Kleinseggenrieden. Im Torfmoorkern kommt Torfmoosrasen vor mit den typischen Schlenken und Bulten, mit Latschengewächsen, Moorwäldern und -heiden. Der zentrale Hochmoorbereich steht seit 1978 unter Naturschutz. 2004 erlangte das gesamte Bergener Moos den Status als NATURA2000-Gebiet. Diese Auszeichnung würdigt seine Bedeutung als größtes Streuwiesen- und bedeutendstes Wiesenbrütergebiet im Chiemgau. Hier leben selten gewordene Vögel wie der Große Brachvogel, der Wachtelkönig, die Bekassine oder das Braunkehlchen. Auch einige der letzten Exemplare des vom Aussterben bedrohten Sumpf-Knabenkrauts sind in dem Feuchtgebiet zu finden. Schon von Weitem sind die rotvioletten Blüten der seltenen Orchideenart auszumachen.

Hin & weg: Wanderparkplatz zwischen Autobahnausfahrt Bergen und dem Ortseingang rechter Hand. Oder mit der Bahn (Meridian) nach Bergen und 15 Minuten zu Fuß bis zum Wanderparkplatz.

Dauer & Strecke: 4 Std. gemütliche Rundwanderung mit einigen Infotafeln, 16 km, aber auch kürzere Varianten.

Beste Zeit: Ganzjährig je nach Schneelage, am schönsten im Frühjahr und Herbst.

Ausrüstung: Typische Wanderausrüstung, leichte Sport- oder Wanderschuhe mit Profilsohle.

FAZIT: DIE EXKURSION IN DAS RUHIGE NATURSCHUTZGEBIET SCHULT FÜRS GENAUE BEOBACHTEN UND HINSCHAUEN.

WE WANT MOOR!

... durch die Kendlmühlfilzen

#5

Oberbayern verbindet man klischeehalber gern mit grünen Hügeln, Bergen und Almen. Völlig abseits der gängigen Vorstellungen gibt es im Alpenvorland aber auch andere Landschaftstypen. Wie die Kendlmühlfilzen mit ihrem skandinavischen Look.

#Bergevonunten #Torfabbau #Bienenstation #Filzenexpress

Die Tour präsentiert verschiedenste Behausungen wie urige Hütten am Wegesrand oder mit Naturmaterialien selbst gebaute Tipis auf dem Waldspielplatz.

Flirrende Luft, eine weite, mit Gräsern bewachsene Ebene und dahinter die Berge. Gleise und ein Westernbahnhof runden das Gesamtbild atmosphärisch ab – ist das hier eine Goldgräberstadt in den Rocky Mountains? Wo sind die Büffelherden? Weit gefehlt: Es handelt sich um eines der Filzengebiete des Chiemgaus, also um ein großes Moorgebiet.

Die Kendlmühlfilzen, so die genaue Bezeichnung, war noch bis in die 1980er-Jahre hinein ein großes Areal für den Torfstich – hier wurde Blumenerde abgebaut. Eine Zeit lang wurde Torf als Holzersatz für den »Hausbrand« verwendet, also zum Heizen. Man entwässerte die 240 Hektar Fläche mit großen Gräben und baute die Schmalspurbahn unter Mithilfe der Häftlinge aus der JVA Bernau. Seit 1992 steht die Kendlmühlfilzen – wie auch andere Moorgebiete in der Region – unter Naturschutz. Mit gezielten Maßnahmen bringen Geoökologen und Baggerfahrer des Landratsamts Rosenheim in einem EU-Projekt das Wasser wieder zurück, stärken das natürliche Moor und sorgen damit für die Rückkehr von vielen seltenen Tier- und Pflanzenarten. Die Flächen des größten Hochmoors Südostbayerns beherbergen den Sonnentau, Schnabelried, die Rosmarinheide, die Rauschbeere und Torfmoose. Eine lange Wanderung oder eine kürzere Radtour führen durch das Gebiet.

Auf einem Moorrundweg erkundet man einen Erlebnisspielplatz mit Picknickstation und Balancierstämmen, es geht durch den Wald und dann auf barrierefreien Bohlenwegen auf die freie Fläche. Geradezu unwirkliche Blicke auf diese Moorwildnis und die Chiemgauer Berge mit Hochgern und Hochfelln als markanten Gipfeln vergisst man nicht so schnell – es ist schon ein besonderes Landschaftserlebnis.

Wie in Skandinavien: Blick auf das weite Areal der Kendlmühlfilzen mit ihrer Moorvegetation und großen Wasserflächen; rechts ein Detail vom Bohlenweg über freies Gelände.

Immer wieder gibt es interessante Infotafeln – hinterher ist man wieder etwas schlauer und hat viele Details über die Ökologie dieses stillen Lebensraums erfahren. Die beste Übersicht über das Gebiet eröffnet der Aussichtsturm am Ewigkeitsweg, in der Nähe des Golfplatzes Achental. Viele weitere Kleinode und Entdeckungen warten: diverse Bienenlehrstationen und mit dem Museum Torfbahnhof (www.museum-torfbahnhof.de) und dem Soleleitungsmuseum Klaushäusl in Grassau (www.grassau.de/klaushaeusl) zwei spannende Anlaufstellen, um all die gewonnenen Eindrücke zu vertiefen.

Tipp: Wie wär's mit einer Fahrt in der Kleinbahn Filzenexpress an bestimmten Museumstagen des Museums Torfbahnhof?

Hin & weg: Mit dem Auto von Prien nach Grassau, Parken am Museum Klaushäusl. Oder mit dem Zug (Meridian) nach Bernau und entlang der Bahnlinie ins Naturschutzgebiet.

Dauer & Strecke: 4 Std., 14 km.

Beste Zeit: Frühjahr und Spätsommer.

Ausrüstung: Entweder typische Wanderausrüstung mit leichten Wanderschuhen oder mit dem Rad.

FAZIT: AUCH OHNE HÖHENMETER GIBT ES IM CHIEMGAU SPANNENDE LANDSCHAFTSERLEBNISSE. UND VOM FLACHEN AUS MACHEN DIE BERGE EINEN GUTEN EINDRUCK!

→ Abstecher …

Tour de Natur

… um den Hofstätter See

#6

Leicht weltentrückt schmiegt sich der Hofstätter See in die Landschaft zwischen Inntal und Simssee – ein Ziel für stille Genießer. Badeufer, Biergarten und ein Naturlehrpfad sind die Komponenten eines Kurztrips nicht nur zur Badesaison.

#Prachtlibelle #Naturlehrpfad #Badeufer #Stille

Geheimnisvoll: Wandernd gelangt man rund um den Hofstätter See zu stillen, charmanten Badeplätzen, einem rätselhaften Kunstobjekt am Nordufer und einem verwunschenen Holzhaus.

In der Region gibt es für die Badegäste eine Art Reihenfolge im Jahresablauf der Gewässer, denn sie sind zu unterschiedlichen Zeiten auf angenehmer Betriebstemperatur. Mit den Anfang in der Saison macht der auch »Hofi« genannte Hofstätter See – er ist nur wenige Meter tief und heizt sich schnell auf, sodass man dort meist schon im Mai die ersten Schwimmzüge machen kann. Ein Bergblick wie vom Simssee entfällt zwar, aber dafür

Natur-Tour: Der Lehrpfad mit einem Beobachtungsturm führt auf Bohlen durch das Moorgebiet, Infotafeln erklären lebende Ameisen und tote Moorleichen.

kuschelt sich der See förmlich in ein leicht märchenhaftes und naturnahes Drumherum ohne Siedlungen in sichtbarer Entfernung.

Am Hauptbadeufer gibt es einen herzlich bewirtschafteten Kiosk und ein rätselhaftes leer stehendes Holzhaus mit verwunschenem Charakter, an dem man auch im Herbst gut picknicken kann. Im Winter wird am Kiosk Glühwein für die Eisläufer ausgeschenkt, im Sommer macht man es sich im Biergarten bequem. Hier startet auch der Wanderweg, der rund um den See führt: Ein örtlicher Verein hat einen Naturlehrpfad durch das Burger Moos angelegt mit einem Aussichtsturm und einem Bohlenweg durch den Kern des Moorgebiets. Erklärungstafeln informieren über die Besonderheiten von Fauna und Flora – Stationen zu Waldameisen, jahrhundertelang konservierten Moorleichen und fleischfressenden Pflanzen begeistern nicht nur Kinder. Gleich mehrere Libellenarten leben hier wie die blaugrüne Mosaikjungfer oder die Blauflügel-Prachtlibelle. Stille Naturfreunde beobachten in Ruhe die Umgebung oder gehen mit Makro- und Teleobjektiv auf die Pirsch. Auf der anderen Seeseite stößt der Waldweg auf einen Badeplatz, dann geht es auf dem schmalen Uferpfad weiter auf der lauschigen Natur-Tour. Über dem Weg eine Überraschung – hier haben die Anwohner in einer Kunstaktion eine Figur aufgehängt. Auf einem geteerten Radweg komplettiert man die informative Moor-, Wald- und Uferwanderrunde und kommt zurück zum Kiosk.

Hin & weg: Mit dem Auto von Rosenheim nach Stephanskirchen, dann Richtung Vogtareuth, vorher aber Rechtsabzweig zum Hofstätter See.

Dauer & Strecke: 2–3 Std. für Gehzeit und Lesen der Infotafeln, ca. 6 km.

Beste Zeit: In der Schwimmsaison Mai–September, reizvoll aber auch an schönen Herbsttagen und im Winter zum Schlittschuhlaufen.

Ausrüstung: Leichte Wander- oder Turnschuhe, Badesachen.

FAZIT: EIN AUSFLUG IN DIE STILLE, ABSEITS GROßER BESUCHERSTRÖME, MIT VIELEN WUNDERN DER NATUR.

Lebensmittel Backwaren
Lebensmittel Backwaren

→ ABSTECHER …

DAS SCHÖNSTE DORF

… Wanderung nach Hirnsberg

#7

Der kleine Weiler Hirnsberg oberhalb des Simssees wurde 2016 zum »schönsten Dorf Deutschlands« gewählt. Auf einer kurzen Wanderung entdeckt man Reiz und Charme der idyllischen Gemeinde.

#DorfundNatur #Bibelgarten #Treppenweg #Simssee

In Hirnsberg, dem »schönsten Dorf Deutschlands« von 2016, ist jedes Detail gepflegt. Das Gotteshaus und das Mesner-»Gartl« mit Bibelpflanzen sind echte Schmuckstücke im kleinen Ort.

Schon von Weitem sieht man die Kirche auf dem Bergrücken am Simssee, sie überragt die Baumwipfel um einiges und macht neugierig

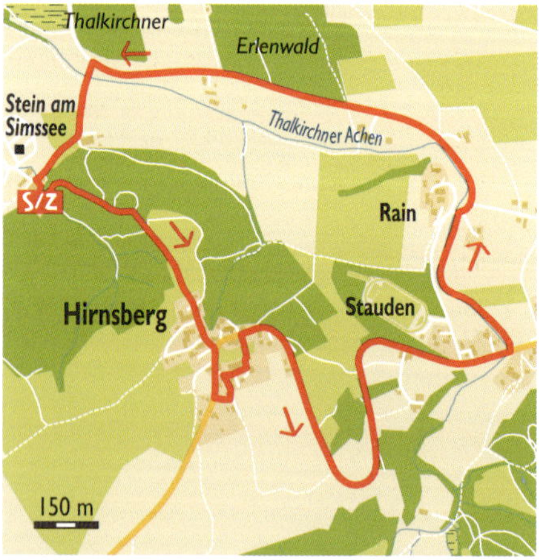

auf einen Ortstermin. Bei Rennradlern ist die Strecke auf den der eigentlichen Alpenkette vorgelagerten Berg bestens bekannt. Die 500 Jahre alte Marienkirche und den Ort Hirnsberg erkundet man aber am besten auf einer kleinen Wanderrundtour zu Fuß und lässt sich dafür Zeit. Vom Campingplatz Stein am Nordostufer des Simssees aus schlängelt sich ein schmaler Pfad durch ein Waldstück hinauf auf die Anhöhe.

Hirnsberg ist ein Ortsteil von Bad Endorf. Zwei Landschaftsschutzgebiete, Simssee und Thalkirchner Ache, umrahmen den kleinen Ort. Bei den Wettbewerben auf Landesebene unter dem Motto »Unser Dorf soll schöner werden – Unser Dorf hat Zukunft« wurde Hirnsberg dank des Engagements seiner Bürger 2016 mit der

Die Luitpoldlinde ist ein Baumdenkmal. Sie wurde 1911 gemeinsam mit Schulkindern zum 90. Geburtstag von Prinzregent Luitpold (1821–1912) gepflanzt.

Goldmedaille ausgezeichnet – als eines der wenigen unter 2600 Dörfern.

Oben angekommen, steht gleich zur Linken die mächtige Kirche. Sie war bis zum 18. Jahrhundert ein beliebtes Ziel von Wallfahrern. Und gleich gegenüber – wie es sich gehört – der Wirt z'Hirnsberg, das Gasthaus Hilger (gasthaus-hilger.de). Schon seit über 400 Jahren ist es Mittelpunkt der Dorfgemeinschaft. In ihm treffen sich die Einheimischen, aber auch Touristen, darunter viele Motorradfahrer, die hier einen Einkehrschwung hinlegen. Eine echte Besonderheit ist der halbtags geöffnete Kramerladen, der an frühere Zeiten erinnert. In einem kleinen, sehr gepflegten Garten gedeihen Bibelpflanzen, darunter Granatapfel, wilde Feige und Ölbaum. Ein paar Meter weiter zeigt sich die harmonische Verbindung des kleinen Dorfes mit der Natur: Der wild wuchernde Garten ist eine echte Oase, auf einem Schild steht: »Hier gibt es Honig!« Die Luitpoldlinde am Kindergarten ist ein Baumdenkmal und liegt auf der Themenradrunde »Von Baum zu Baum« des Landkreises. Sie wurde 1911 gepflanzt und steht zum Glück nach einer Baumsanierung heute immer noch.

Insgesamt 16 Baudenkmäler weist der kleine Ort mit seinen nur 83 Einwohnern auf. Eines davon ist die liebevoll restaurierte Ölbergkapelle Kreuzbichl, die auf dem Weiterweg Richtung Thalkirchen steht. Ganz in der Nähe verläuft der Obst- und Kulturweg Ratzinger Höhe mit seinen vielen seltenen Obstsorten und mancher Schnapsbrennerei. Die Kirche Sankt Andreas beim Weiler Rain, schon am Bergfuß, ist eine weitere kleine Kostbarkeit auf der Rundtour, die jetzt durch die Simsseefilze verläuft und den Kreis am Campingplatz am Simsseeufer schließt.

Hin & weg: Parken am Campingplatz Stein am Simssee (www.camping-stein.de).

Dauer & Strecke: 2 Std., 5 km, 100 hm.

Beste Zeit: Das ganze Jahr hindurch je nach Schneelage, jede Jahreszeit hat seine besonderen Reize.

Ausrüstung: Keine besondere Ausrüstung nötig, leichte Wander- oder Turnschuhe. Im Sommer Badesachen für den Simssee mitnehmen!

FAZIT: CHARMANTE MINIWANDERUNG MIT DEM GEWISSEN ETWAS.

→ ABSTECHER …

WANDERUNG MIT WASSERFALL

… zum Bichlersee

#8

Ein eher verstecktes Kleinod ist die Regau, ein Tälchen in der Nähe von Oberaudorf. Wer auch bei höheren Temperaturen gern in den Bergen unterwegs ist, duscht im Wasserfall und schwimmt in einem Bergsee.

#Burgruine #Wasserpur #HupfenindenBergsee

An den Hängen des Wildbarren geht es schattig mit nicht allzu großer Steigung aufwärts. Wer Lust hat, begibt sich gleich zu Beginn der Tour auf Spurensuche nach den Resten der Burgruine Kirnstein, von der aus bis Mitte des 13. Jahrhunderts die Ritter von Falkenstein die Talstraße kontrollierten. Auf diese folgten die Wittelsbacher und weitere wechselnde Besitzer, 1504 wurde die Burg endgültig zerstört.

Nach den ersten Schweißtropfen wartet direkt am Wanderweg die erste Abkühlung: Ein prächtiger Wasserfall stürzt in die Tiefe – wie

Hin & weg: Wanderparkplatz an der Talstraße zwischen Fischbach und Niederaudorf.

Dauer & Strecke: 3 Std., 10 km, 640 hm.

Beste Zeit: Im Sommer zur Badesaison.

Ausrüstung: Typische Wanderausrüstung, mittelschwere Wanderschuhe und Badesachen.

Brotzeit und Badesachen mitnehmen: An einem Wasserfall vorbei geht es auf wenig begangenen Pfaden durch das Landschaftsschutzgebiet Regau hoch zum idyllisch gelegenen Bichlersee.

wär's mit einer kurzen Bergwasserdusche? Als Nächstes geht es durch das Gelände der Regauer Almen, die aus Naturschutzgründen aufgelassen sind, also nicht mehr bewirtschaftet werden. Sie liegen in einer wenig begangenen Senke, der 1234 Meter hohe Mitterberg im Norden und der 1448 Meter hohe Wildbarren (der Name kommt von »Bär«, tatsächlich gab es hier im Mittelalter viele Bärenjagden) im Süden, über den man die Tour sportlich ausbauen und verlängern könnte.

Nach dem Offengelände schlängelt sich der Weg als Bergwanderpfad durch ein Wäldchen, in dem auch die kleine Holzhütte der Bichleralm steht. Jetzt wieder etwas hinunter – und dort liegt ganz zauberhaft und still in einer Mulde der kleine Bichlersee, mitten im Landschaftsschutzgebiet »Schutz des Auerbachtales«. Er ist etwa 160 Meter lang und 80 Meter breit und auch an heißen Tagen immer noch sehr kalt und erfrischend – gerade recht für eine kleine Schwimmrunde und vielleicht ein Seeuferpicknick.

Der See lässt sich schnell umrunden, ganz in der Nähe gibt es mit dem Berggasthof Bichlersee (www.bichlersee.de) auch eine schön gelegene Einkehrstation mit hauseigenem Schwimmteich. Auf demselben Weg geht es zurück zum Parkplatz an der Talstraße.

FAZIT: ERFRISCHENDE TOUR MIT HOHEM LANDSCHAFTSGENUSS UND VIEL WASSER.

BIKEN, BLICKEN, BADEN

… über den Dandlberg zum Neubeurer See

#9

Ruhig und schattig biken wir aufwärts. Oben angekommen, locken Panoramablicke auf das Alpenvorland. Wie glitzernde Perlen liegen die Seen in der hügeligen grünen Landschaft. In den Bikerrucksack passen locker noch Badesachen.

#BikenfürEinsteiger #Panoramablicke #alteWeiler #SeenEinihupf

Auf der Tour warten die historische Kulisse von Neubeuern und weite Blicke ins Inntal und über die Simsseeregion.

Los geht's beim Weiler Holzham am südlichen Ortsrand von Neubeuern. Zunächst steil zieht sich die Dandlbergstraße hangaufwärts. Der Tritt fällt anfangs noch schwer, doch schnell stellt sich ein Rhythmus ein. Es ist ein heißer Sommertag, aber der Mischwald und viele Schattenpassagen helfen. Der Dandlberg ist eine der beliebten Einsteigertouren der Region für Bikeanfänger oder Radler nach einer Trainingspause. Und die Tour bietet so einiges an Abwechslung.

Die Route führt nicht ausschließlich nur bergauf, zwischendurch gibt es kurze sportliche Abfahrten, achterbahnähnlich, das bringt Fahrspaß. Fast oben, öffnet sich an einem »Bankerl« der Blick auf das Rosenheimer Land mit dem Inn und der Chiemseeregion. Ein genialer Balkon mit Kühen als Nachbarn. Ein paar Kurbelumdrehungen weiter wartet ein geradezu magischer Ort, die fotogen und exponiert gelegene Kapelle von Steinkirchen. Hier kann man meditative Ruhe genießen, der

Ausblick reicht weit ins Land. Der Samerberg, die Hochries, der Heuberg ... eine sensationelle Kulisse auch für die am Himmel schwebenden Paraglider!

Der Weg führt nun aus der offenen Berglandschaft wieder in den Wald, jetzt ist Genussradeln angesagt und mit der Dandlberg Alm (www.dandlbergalm.de) wartet eine attrak-

Zum Auftakt begrüßen Berggeister die Biker, dann kurbelt man auf sportlichen Höhenmetern aufi zur Alm und springt zum Finale noch in den meist eiskalten Neubeurer See – toll!

tive Station – Einkehrschwung! Die Brotzeit schmeckt hervorragend, aber weitere Schmankerl landschaftlicher Art kommen noch. In den Weilern Brunn und Anker scheint die Zeit stehen geblieben, archaisch und ruhig wirken die kleinen Häusergruppen hoch über dem Inntal.

Beim Downhill bläst den Bikern der Fahrtwind erfrischend ins Gesicht – tut gut nach der doch schweißtreibenden Tour über den Dandlberg. Nur noch über die Straße, dann lockt schon der Neubeurer Badesee mit seinem glasklaren, kalten Wasser, die nächste Bikestrecke kann kommen! Auch der Neubeurer Marktplatz ist noch einen Abstecher wert – in den Lüftlmalereien spiegelt sich die Historie des Ortes wider.

FAZIT: KURZE, LANDSCHAFTLICH REIZVOLLE BIKETOUR AUCH FÜR MTB-EINSTEIGER.

Hin & weg: Waldparkplatz Holzham knapp südlich von Neubeuern. Von Rosenheim aus anradeln auf dem Innradweg, nächste Bahnhöfe in Raubling oder Brannenburg.

Dauer & Strecke: 2–3 Std., 14,5 km, 400 hm.

Beste Zeit: Frühjahr und Sommer, auch an warmen Herbsttagen.

Ausrüstung: Mountainbike, Pannenausstattung, Badesachen.

→ Abstecher …

Eine gescheite Brotzeit

… auf der Hefteralm

#10

Auf der Alm lässt sich's gut aushalten. An heißen Tagen oder wenn man noch etwas anderes vorhat, führt eine kurze Tour zur nicht nur bei Familien beliebten Hefteralm oberhalb von Grassau.

#Familientour #PonysundGänse #Almbrotzeit #Käsespezialitäten

»Oooh, sind die süüüß!« Die Kinder, die auf die Hefteralm (www.hefteralm.de) zusteuern, überschlagen sich beim Anblick von Sofia und ihrem Fohlen Zigarillo. Seit 1990 sind ihre Besitzer, die Wirtsleute Irmi und Sepp Guggenbichler, auf der Alm in der Nähe von Grassau im Chiemgau, und sie haben ein paradiesisches Ausflugsziel aufgebaut. Vor allem Familien steuern die Alm mit ihren vielen Tieren gern an, doch auch Wanderer kommen oft auf eine deftige Brotzeit vorbei.

Zuerst stand viel Arbeit auf dem Programm und nachdem die junge Irmi »dann mach i des«

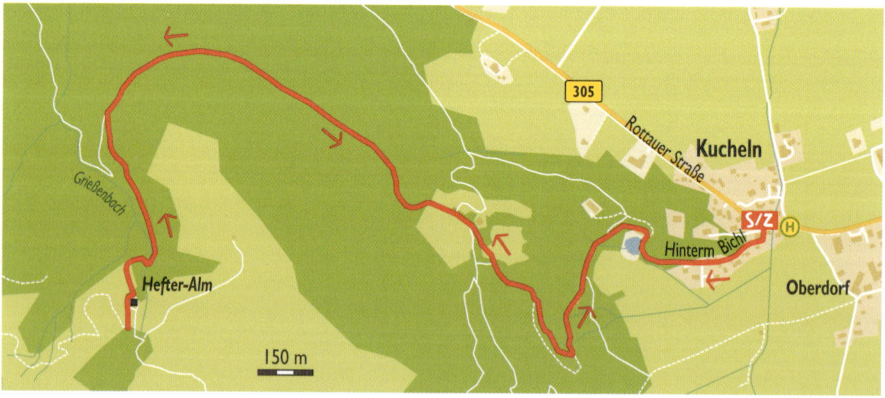

Einen echten Kaskeller, viele Tiere und ein Backhaus gibt es auf der familienfreundlichen Hefteralm.

gesagt hatte, wurde die Hütte renoviert, wurden Zäune repariert und vieles mehr. Die Guggenbichlers mussten tüchtig »schwenden«, also aufkommende Gehölze entfernen, damit das Gelände nicht verbuscht. Zum Glück hat die Hütte aus Tradition eine Schanklizenz, durch die gastronomisch keine Probleme auftraten.

Seit dem frühen Mittelalter wird im Chiemgau Almwirtschaft betrieben, was noch heute mit besonderen Rechtsformen verbunden ist. Man unterscheidet zwischen Eigentumsalmen, die dem Betreiber der Alm gehören, und Berechtigungsalmen. Bei Letzteren ist der Freistaat Bayern der Grundbesitzer der oft großflächigen Weidegebiete, dem Almbauern selbst gehört nur die Kaserstätte. Diese Bezeichnung geht übrigens auf das Lateinische »casa« zurück, was so viel wie Hütte bedeutet, oder aber auf den Begriff »chaser«, der ein Gebäude zur Käseherstellung bezeichnet. Die Almkaser bieten im Sommer Schutz für Mensch und Tier gegen Hitze, aber auch gegen die manchmal vorkommenden Kälteeinbrüche, gegen Hagel, Regen und Wind. Sie sind wegen ihrer unwiederbringlichen Bautradition einzigartige Baudenkmäler unserer alpinen Kulturlandschaft.

Nach einer Zeit des Niedergangs der Almen ist ihre Zahl heute wieder stabil. Viele junge Einheimische, Studenten und auch Rentner haben die Freude am Almleben wiederentdeckt. So ein Almsommer ist eine Bereicherung fürs Leben, sowohl durch die landwirtschaftliche Arbeit als auch wegen der Bewirtung der oft sehr netten Gäste, die dankbar sind für das gute selbst gemachte Essen. Die extensive Tierhaltung kommt ohne künstliche Düngung aus, daher sind Fleisch, Käse und Milch von der Alm echte Naturprodukte. Das Gras der Bergwiesen ist besonders kräftig, hier wachsen Alpenblumen und Heilkräuter. Klar, dass eine Brotzeit dort oben ganz anders schmeckt!

FAZIT: KURZE BROTZEITTOUR OHNE GIPFEL – ABER INDIVIDUELL GUT ERWEITERBAR!

Hin & weg: Mit dem Auto nach Grassau, parken im Ortsteil Kucheln. Mit dem RVO-Bus 9505 von Prien nach Grassau, Haltestelle Kucheln.

Dauer & Strecke: 2 Std., 7 km, 360 hm.

Beste Zeit: Mai–Oktober während der Almsaison.

Ausrüstung: Wandertypische Ausrüstung, leerer Rucksack (hier passen Käse und andere Almspezialitäten rein).

SCHIFFE UND STEINE

... History-Tour durch Neubeuern

#11

Neubeuern ist einer der geschichtsträchtigsten Orte der Region. Hiervon zeugen das Schloss und der historische Marktplatz. Ein Rundgang führt durch die von Steinbrüchen und Innschifffahrt geprägte Vergangenheit des Ortes.

#Dorfgeschichte #Innschifffahrt #Lüftlmalerei #Wolfsschlucht

Von wegen staubtrockene Regionalgeschichte! Die kann höchst unterhaltsam und ganz schön spannend sein, vorausgesetzt, sie wird so ansprechend serviert wie in Neubeuern. Der Ort war vom 15. bis zum 19. Jahrhundert ein Zentrum der Innschifffahrt mit ihren florierenden Handelsströmen auf dem Fluss. Auf dem Inn verkehrten Plätten – große Transportschiffe, die man mithilfe von Pferden flussaufwärts treidelte, also zog.

Man verschiffte alles Mögliche auf dem Strom, vor allem aber Getreide und Dinge des täglichen Bedarfs. Neubeuern selbst hatte auch eine Besonderheit zu bieten: Aus den örtlichen Steinbrüchen brach man Wetz-, Schleif- und Mühlsteine und lieferte diese dann zu Abnehmern in ganz Deutschland und Österreich. Da aus Flintsbach noch Kalke hinzukamen, aus Brannenburg Nagelfluhgestein und aus Rohrdorf Granit, entwickelte sich Neubeuern zu einem wichtigen Flusshafen speziell für den Transport dieser schweren Fracht. Die Gemeinde hat mehrere Themenwanderungen hierzu entworfen und Übersichtskarten sowie Infotafeln aufgestellt.

Das Dorf lebt seine Traditionen: Links eine Innplätte, rechts spielen Musiker im Trachtengewand auf.

Gleich unterhalb des Hügels mit der Altstadt empfängt eine alte Plätte die Besucher. Der letzte Schiffbaumeister am Inn, Michael Schmidl aus Neubeuern, hatte sie gebaut, bis 1967 diente sie noch als Fähre in Kiefersfelden. Doch die Arbeit auf dem schnell strömenden Gebirgsfluss forderte ihre Opfer: Von 1622

Hin & weg: Mit dem Auto von Rosenheim aus über Raubling und dann über die Innbrücke oder über Thansau. Mit dem Rad am Innradweg entlang (das Westufer ist schöner, dann über die Innbrücke). RVO-Bus 9490 Rosenheim-Raubling-Neubeuern.

Dauer & Strecke: Reiner Rundgang 2 Std., 3 km. Zum Neubeurer See ½ Std., 2 km einfach.

Beste Zeit: Ganzjährig, am schönsten im Sommer mit See-»Einihupf«.

Ausrüstung: Etwas festere Schuhe, Schwimmsachen und gute Laune!

In der wildromantischen Wolfsschlucht wurden früher Mühlsteine abgebaut und dann auf dem Inn verschifft.

bis 1858 starben allein in »Beuern« 350 Menschen auf dem Inn. Einer der Steinbrüche auf Gemeindegebiet ist das Geiger Hölzl, hier sind auch heute noch Spuren vom Abbau der Mühlsteine zu sehen, außerdem ein Findling aus Gneis aus der Maloja-Region, der auf dem Gletscher seinen Weg nach Neubeuern machte. Sehr spektakulär und ein wenig unheimlich ist der Gang durch die tief eingeschnittene Wolfsschlucht. Sie ist bis zu 30 Meter hoch und 250 Meter lang und war vermutlich im 15. Jahrhundert der erste Steinbruch des Ortes.

Der historische Marktplatz ist ein echtes Schmuckstück: Alte Häuser mit Lüftlmalereien an der Fassade machen den denkmalgeschützten Platz zu einem der schönsten Bayerns. Das Thema Innschifffahrt zieht sich auch hier als roter Faden durch, am Stangenreiter ist an der Hauswand das große Gemälde eines Schiffszugs zu sehen. Über dem Platz thront das Schloss mit seinem markanten Turm und im Haus der Gästeinformation kann man im Innschifffahrtsmuseum Modelle der Innplätten sowie historische Fotos und Gemälde bestaunen.

Tipp: Zur Abrundung des Besuchs in Neubeuern springt man noch ins Wasser – der Neubeurer See hat sehr erfrischende Temperaturen.

FAZIT: KURZE RUNDWANDERUNG MIT VIELEN INTERESSANTEN DETAILS DER KULTUR- UND NATURGESCHICHTE, BAYERISCH-AUTHENTISCHEM FLAIR UND SCHÖNEM DORFPLATZ.

→ ABSTECHER ...

GÄRTEN, SEEN, HÜGEL

... radeln rund um Riedering

#12

Eine Radroute auf kaum befahrenen Straßen gefällig? Durch kleine Dörfer mit Charme wie aus einem Oberbayern-Bilderbuch? Und dazu noch spannende Infos über Sehenswürdigkeiten und Kulturlandschaftsentwicklung? Dann ist die Riederinger Radroute genau richtig – außerdem warten noch ein Naschgarten und der Simssee auf die Radler.

#Naschgarten #Radeln(beinahe)Pkwfrei #kleineDörfer #SeenEinihupf

Auf der Riederinger Rund'n radelt man sportlich und auf Wegen ohne viel Autoverkehr durch kleine Weiler und grüne Landschaften mit Blick auf die Chiemgauer Alpen.

Ein wenig abseits der touristischen Hauptströme am Chiemsee und in den Chiemgauer Hausbergen tun sich kreative Möglichkeiten

auf, denn viele Gemeinden in der Region ziehen nach und kredenzen die Besonderheiten ihrer Umgebung auf schlau ausgedachten Routen. Beispiel Riedering: Der Ort liegt zwar unspektakulär, ist aber ein richtig guter Ausgangspunkt für eine Radrunde über die Hügel drumherum mit weniger bekannten Ecken und Ausblicken.

Auf 40 Kilometer Weglänge und 600 Meter Höhenunterschied geht es im Auf und Ab durch die Dörfer und die Landschaft, in mehreren Varianten und kombinierbaren Teilstücken. Los geht's im »Naschgarten« in Riedering, einer kulinarischen Oase des Gartenbauvereins: Eine Übersichtskarte zeigt die Radroute, außerdem darf man sich bei den angebauten Obstsorten bedienen – Inspiration für den

Unterwegs stößt man auf exotische Tiere und entdeckt stille Rast- und Badeplätze wie am kleinen, aber feinen Tinninger See – Badesachen mitnehmen!

eigenen Garten. Fünf Kirchen auf Gemeindegebiet stehen an der Runde, zu allen gibt es kunsthistorische und geschichtliche Infos – Heimatkunde zum Abradeln!

In Ecking beim Seewirt (www.seewirt.de) schmecken Saiblinge und Forellen, eine Tafel zeigt die Fischarten des Simssees. Und schon geht die Erkundungsreise weiter: In der Naturkostmühle Wagenstaller (www.wagenstallermuehle.de) ertönt eine Klangschale, außerdem gibt es hier mit traditionellen Rezepten gebackenes Brot. Geschichtlich und geologisch spannend sind die Findlinge im Ortsteil Moosen auf dem Kranzbichl, ganz in der Nähe über dem Simsseeufer grasen Alpakas. Söllhuben ist vor allem durch den Hirzinger (www.hirzinger.eu) bekannt, wo Volksmusiksendungen für das Bayerische Fernsehen aufgezeichnet werden. Vom Kapellenberg genießt man einen der schönsten Ausblicke der ganzen Gegend – mit dem Panorama der Chiemgauer Berge und dem Simssee zu Füßen.

In Söllhuben haben Grundschüler Infotafeln gestaltet – hier erfährt man viel über einheimische Bräuche. Es ist eine richtige Info-Radl-Runde, denn überall gibt es etwas zu entdecken oder durchzulesen, also: Zeit und Neugier mitbringen! In einem Schlenker nach Süden kommt man nach dem Simssee zur zweiten Badestation, dem Tinninger See, der sich förmlich in die Landschaft kuschelt, mit persönlicher Atmosphäre und unaufgebrezelter Stille. Zurück nach Riedering radelt man über Niedermoosen, wo sogar Einheimische überrascht sein dürften: Das hiesige Filzen- oder Moorgebiet ist weniger bekannt, aber auch hier wurde Torf gestochen und als Brennmaterial verwendet.

FAZIT: EINE SEHR INTERESSANTE UND ABWECHSLUNGSREICHE RADLRUNDE MIT ANGENEHMEN INFO- UND BADESTATIONEN.

Hin & weg: Naschgarten in Riedering, Fahrradmitnahme im Zug (Meridian) nach Rosenheim.

Dauer & Strecke: Reine Radlzeit 2,5–3 Std., 40 km, 480 hm; viel Zeit für Stopps und Infos einkalkulieren.

Beste Zeit: Mai–September in der Badesaison.

Ausrüstung: Touren-/Trekkingrad mit guter Gangschaltung oder Mountainbike, Schwimmsachen.

CHIEMSEE-SUNDOWNER

… in Feldwies

#13

Im Osten geht die Sonne auf, im Westen geht sie unter: Einen der schönsten Sonnenuntergänge im Chiemgau erlebt man am Ostufer des Chiemsees. Auf der gegenüberliegenden Seite versinkt dann die Sonne spektakulär als glühender Feuerball im »Bayerischen Meer«.

#Sandstrand #chillen #Feuerball #Chiemseeufer

Karibik-Feeling: Der abendliche Chiemsee präsentiert zum Sonnenuntergang Silhouetten von Segelbooten.

Ein wenig verträumt wirkt der Landstrich im Südosten des größten bayerischen Sees mit seinen kleinen Weilern und den weiten Blicken über das Wasser. Die Tiroler Ache schwemmt hier große Mengen an Sedimenten in den Chiemsee, und man hat ausgerechnet, wann es etwa so weit ist, dass er gänzlich mit Kieseln und Geröll aus den Bergen aufgefüllt ist. Also nichts wie hin …

Das Achendelta an sich und auch die Randbereiche sind öffentlich aus Naturschutzgründen nicht zugänglich. Einen kleinen Eindruck erhält man aber auf einer kurzen, reizvollen Runde durch den Heinrichwinkel und nach Lachsgang, wie das südöstliche Chiemseeufer heißt. Flach und still liegen die kleinen Weiler Seethal und Neuwies in der Landschaft, das Gepräge und die Bauernhäuser sind traditionell. Ein Maibaum weist auf die angestammten Berufe des Landstrichs hin: Hier ist die Chiemseefischerei zu Hause, außerdem die Honigproduktion und die Schnapsbrennerei. Es gibt die Produkte aus erster Hand. Ein

Der Maibaum im Weiler Baumgarten zeigt Handwerker in Aktion, während ein Stück Treibholz der untergehenden Sonne entgegenblickt; rechts ein Chiemsee-Bootshäusl beim nahen Achendelta.

älteres Ehepaar sitzt auf dem »Bankerl« vorm Haus. Nein, man hat sich einen Spaß erlaubt, es sind lebensgroße Puppen.

Am Chiemsee angekommen, fällt der üppige Uferbewuchs auf, der die Sicht aufs Wasser behindert. Doch im Dickicht bietet ein Aussichtsturm freie Sicht. Hier treffen sich Vogelbeobachter zur digitalen Jagd auf seltene Arten, die man sehr gut vor die Linse bekommt. Der Turm steht nahe am Achendelta, die Besucher erhalten einen Eindruck der Verzahnung von Wasser und Land, von üppiger Vegetation, von Wachstum und Wildnis. Tafel- und Löffelenten und Seeregenpfeifer leben in dem Gebiet, manchmal überwintern Seeadler. Den Irschener Winkel, wie die Uferregion auch bezeichnet wird, bedeckt ein riesiger Teppich aus Teich- und Seerosen.

Ein paar Hundert Meter weiter kann man ein Kleinod besichtigen: Es ist die im Jahr 1808 geweihte Kapelle Sankt Nikolaus. Die Votivtafeln an den Wänden mit ihren Gemälden bezeugen, wie die Jungfrau Maria Fischer aus höchster Not errettet hat. Aus diesen stilleren Bereichen des Chiemsees mit Natur und andächtiger Meditation gelangt man in ein naturnahes Freizeitgebiet. Kleine Sandstrände mit viel Schwemmholz ziehen Badegäste an, die ein ruhiges Refugium ohne Rummel vorfinden.

Etwas weiter südlich tobt das Leben rund um das Strandbad Übersee, wo ein Baumseilgarten, ein SUP-Verleih und mehrere Biergärten viel Publikum anziehen – Partystimmung am Chiemsee-Beach. Hier sitzt es sich abends hervorragend bei Reggae-Rhythmen mit einem Sundowner-Drink in der Hand und Seglern vor dem heißen Ball der Sonne.

Hin & weg: Parkplätze an der »Freizeitmeile« von Feldwies in Strandnähe. Oder mit der Bahn (Meridian) zum Bahnhof Übersee, dann entweder zu Fuß 1 Std. oder mit dem Bus (spärliche Verbindungen) nach Feldwies.

Dauer & Strecke: 2–3 Std., 6,5 km.

Beste Zeit: Mai–September in der Badesaison, spätnachmittags Sundowner-Stimmung.

Ausrüstung: Turnschuhe, Sandalen oder Leichtwanderschuhe genügen.

FAZIT: INTERESSANTE RUNDE AM »BAYERISCHEN MEER« UND KONTRASTREICH NOCH DAZU: NATUR PUR TRIFFT AUF LÄSSIGE PARTYSTIMMUNG.

BERGAUF IN DIE STEINZEIT

... bei Niederaudorf

#14

Niederaudorf ist eine Mustergemeinde, die Einwohner legen großen Wert auf nachhaltige dörfliche Entwicklung. Und mitten im Wald oberhalb des Dorfes gibt es einen archaischen Anziehungspunkt, der die Wanderer in vergangene Zeiten versetzt.

#Stonehenge #BlickinsInntal #RieseundSchneider #Dorfnachhaltig

→ ABSTECHER …

Der Graue Stein von Niederaudorf und ein fröhlicher Weggeselle – im Hintergrund Kloster Reisach.

Stonehenge und die Hinkelsteine von Obelix lassen grüßen – die Tour in die Waldhänge oberhalb von Niederaudorf ist etwas für die Freunde einer archaischen Vergangenheit. Zum »Grauen Stein« führt die Wanderung von Niederaudorf aus, die man am besten mit einem aufmerksamen Ortsrundgang verbindet. Mitten im Wald stößt man an einem schmalen Wanderpfad auf einen gewaltigen Felsen, der hier scheinbar von jemand sehr Großem abgelegt wurde. Eine alte Sage vom Wildbarren, dem Hausberg Niederaudorfs, könnte die Lösung sein. Sie handelt vom Riesen und vom Scheider, die sich dort oben begegneten. Es wird erzählt: Vor langer Zeit lebte auf dem Wildbarren ein wilder Riese. Er war nackt und brachte sofort jeden um, der nur in seine Nähe kam. Er hauste in einer Höhle, in der sich ein großer Schatz aus Gold befand. Eines Tages erklomm ein Schneider den Wildbarren und schlug dem Riesen vor, ihm ein Gewand zu nähen als Schutz vor der Kälte der Berge. Insgeheim dürstete ihm nach dem Schatz und beim Anprobieren nähte er die Arme und Beine des Gewandes zu, sodass der Riese gefesselt war. Dann wollte er sich mit

dem Gold auf und davon machen. Mit einem Ruck konnte sich der Riese jedoch befreien. Er warf einen wuchtigen Felsblock nach dem Schneider – und traf ihn damit.

Der große »Graue Stein« oder »Grauenstein« liegt heute noch da und darunter der Goldschatz, den Stein konnte seitdem niemand mehr von der Stelle bewegen. Kein Wunder,

Einst brachte der Inntalgletscher den imposanten Findling nach Niederaudorf – an dem man uralte Spuren menschlicher Bearbeitung mittels Keilspaltung entdecken kann.

denn er ist ganze vier Meter lang, drei Meter breit, zwei Meter hoch und wiegt geschätzte 25 Tonnen. Er ist aus Granit und kommt aus den Zentralalpen. Der Inntalgletscher brachte ihn in der Eiszeit mit als seinen »Fahrgast«. Nach dem Abschmelzen des Eises blieb er als Findling zurück und erinnert seitdem an längst vergangene erdgeschichtliche Epochen. Menschen versuchten, mit der alten Technik der Keilspaltung den Granit zu zerlegen, große »Keiltaschen« an der Seite beweisen dies. Man schlägt dabei Löcher in den Fels und treibt Buchenkeile hinein, die man mit Wasser zum Aufquellen bringt. Hier gewann allerdings der Stein.

Ein gut ausgeschilderter Rundweg erschließt den bewaldeten Berghang, an dem man an einer freien Stelle zu einem Aussichtspavillon mit Erklärungen zum Panorama gelangt. Der Talort Niederaudorf ist stolz auf seine dörfliche Entwicklung der letzten Jahre, wie die zahlreichen Infotafeln zeigen. Viele der 1350 Einwohner beteiligen sich aktiv an Maßnahmen zur Neugestaltung von Plätzen und Gärten und es gibt etliche Ansätze zur ökologischen Energieversorgung mit regenerativen Energien wie Fotovoltaikanlagen.

Tipp: Ein besonderes Vergnügen sind Veranstaltungen wie Bauern- und Kunsthandwerkermärkte rund um die Kirche, denn hier kredenzen die Einwohner viele kulinarische Genüsse wie selbst gemachte Marmeladen, allerlei aus Honig, Schinken und hausgebrannten Schnaps.

FAZIT: NATURGESCHICHTE IM VORZEIGEORT NIEDERAUDORF – DIE WANDERUNG AN DEN HÄNGEN DES WILDBARREN VERDEUTLICHT EINDRUCKSVOLL DIE MACHT DER GLETSCHER.

Hin & weg: Mit dem Auto über die Inntalautobahn München-Innsbruck, Ausfahrt Brannenburg, und weiter auf der Landstraße. Mit der Bahn (Meridian) auf Strecke Rosenheim-Kufstein nach Oberaudorf, von dort ½ Std. zu Fuß nach Niederaudorf.

Dauer & Strecke: 2 Std., 4 km, 200 hm.

Beste Zeit: Ganzjährig je nach Schneelage, sonst Mai-Oktober.

Ausrüstung: Leichte Wanderschuhe mit guter Profilsohle.

→ ABSTECHER …

TOUR ZUR VOGEL-HOCHZEIT

… in der Hirschauer Bucht

#15

Rund um den Chiemsee stehen mehrere Türme zur Vogel- und Naturbeobachtung. In der Hirschauer Bucht kann man Reihor, Brachvogel und Co. in der Nähe der Achenmündung erspähen.

#Stillegenießen #Artenvielfalt #Vögelbeobachten #Fotosafari

Maik und Tine sind Birdwatcher und diesmal auf Natur-Tour am Chiemsee. Ausgerüstet mit hochwertigen Kameras, Objektiven und Bestimmungsbüchern sitzen sie im hölzernen Beobachtungsturm auf der Lauer. Ihre Beute auf der Fotosafari sind Vögel. Diese haben hier ihren angestammten Lebensraum oder sind auf der Durchreise.

Der Mündungsbereich der Tiroler Ache in den Chiemsee und deren naturbelassene Auwälder stellen eines der wichtigsten Vogelschutzgebiete Bayerns dar. Der Chiemsee, das »Bayerische Meer«, ist mit rund 8500 Hektar Fläche Bayerns größtes Gewässer. Zusammen mit den Mooren seines Umlands wie der Kendlmühlfilzen und dem Bergener Moos und den nahen Bergen gehört er zu den vogelartenreichsten Gebieten des Freistaats. Seit

Dichte Schilfgürtel und Wasserläufe charakterisieren das Gebiet der Hirschauer Bucht, wo direkt am Vogelbeobachtungsturm ein gutes Wirtshaus lockt.

1950 wurden rund 300 Spezies registriert. Etwa 40 Prozent des Seeufers sind noch in naturnahem Zustand.

Der Chiemsee ist ein Ramsar-Gebiet, ein Feuchtgebiet mit besonderem Schutzstatus. Im Winter werden hier bis zu 40 000 Vögel gezählt. Auf dem Aussichtsturm in der Hirschauer Bucht bieten sich beste Beobachtungsmöglichkeiten, um verschiedenste Spezies zu entdecken. In dem ansonsten unzugänglichen Areal können die Vögel ohne Störung auf ihrer Reise rasten, große Schwärme von bis zu 100 Kampfläufern sieht man hier auf dem Durchzug ebenso wie Austernfischer und den Großen Brachvogel. Zeitweise machen auch Seeadler Station. Informationstafeln beleuchten Fauna und Flora näher und machen auf die erdgeschichtliche Entstehung dieses Naturschutzgebiets aufmerksam.

Maik und Tine sind heute zufrieden mit ihren Fototrophäen: Sie konnten Silberreiher entdecken und gleich mehrere seltene Entenarten. Zur Belohnung wartet nebenan die Gaststätte Hirschauer Bucht (www.hirschauer-bucht.de) mit ihren lecker zubereiteten Fischgerichten.

Tipp: Besonders reizvoll ist ein Besuch in den Wintermonaten, wenn der Chiemsee zahlreichen nordischen Arten ein Refugium bietet. Nebenan breitet sich das Naturschutzgebiet Grabenstätter Moos aus, ein Landschaftsjuwel mit ebenfalls seltenen Vögeln und bunten Pflanzen. Naturfreunde begeistern sich an der Irisblüte im Mai und Juni.

FAZIT: EINE NATURNAHE GANZJAHRESTOUR AM CHIEMSEE VOR ALLEM – ABER NICHT NUR – FÜR VOGELFREUNDE.

Hin & weg: Parken entweder in Grabenstätt bei Hagenau oder Hirschau. Oder mit dem RVO-Bus 9520 zwischen Prien und Traunstein. Komfortabel zur warmen Jahreszeit zwischen Mai und September mit der Chiemseeringlinie.

Dauer & Strecke: Reine Gehzeit ca. 2 Std., 7,6 km.

Beste Zeit: Ganzjährig, den Sommer über mit Badestopp in der Nähe (Feldwies, Chieming). Im Winter Refugium für viele nordische Vogelarten, gute Beobachtungsmöglichkeiten.

Ausrüstung: Leichtes Schuhwerk, Fernglas, Vogelbestimmungsbuch und Badesachen.

VIELES AM UND IM FLUSS

… an Rosenheims neuen Ufern

#16

Rosenheim hat sich durch die Landesgartenschau im Jahr 2010 positiv entwickelt – jetzt kommen Einwohner und Besucher viel lieber an Inn und Mangfall. Ein Rundgang verbindet Stadtzentrum und Flusslandschaft, Kultur und Natur.

#Stadtbummel #LebenanFlüssen #InnSalzachArchitektur

Schon wieder waren die Karten ratzfatz ausverkauft fürs Rosenheimer Sommerfestival (www.rosenheim-sommerfestival.de) mit vielen Stars der Musikszene. Die mehrwöchige Party im Mangfallpark ist inzwischen ein Selbstläufer, mit attraktivem Programm und tollem Festivalgelände. Das Open Air bereichert Stadt und Umland, der Startschuss hierfür war die Landesgartenschau 2010: Mit den Zuschüssen hatte die Stadt mehr Spielraum und griff planerisch ein. Das Ziel war eine Öffnung des Mittelzentrums hin zur wildbachähnlichen Mangfall und zum großen Strom, dem Inn. Man entfernte Gestrüpp und legte Radwege an, neue Brücken erleichtern nun den Zugang zum Innspitz, wo die Flüsse aufeinandertreffen. Gleichzeitig sorgen die Konstruktionen für das Image der Stadt mit Holztechnikerschule und Architekturstudiengängen.

Der Rundgang startet am Salingarten und dem Kultur + Kongress Zentrum – hier stand früher die Saline als Endpunkt der Soleleitungen von Reichenhall und Berchtesgaden. Als Nächstes

kommt man zum Max-Josefs-Platz, der »guten Stube« der Stadt mit einer lebendigen, italienisch anmutenden Fußgängerzone. Viele Cafés dienen als Ruhe- und Jagdsitze im gesellschaftlichen Treiben: Na, wer ist mit wem heute unterwegs beim großen Schaulaufen auf der Piazza? Wem es zu viel ist, der findet eine Pause im schönen und an Heilkräutern reichen Riedergarten, den man durch die Arkaden hindurch erreicht.

Rosenheim ist ein attraktiver Tagestrip: links der Riedergarten mit Heilpflanzen in der Nähe des schönen Max-Josephs-Platzes (Mitte), rechts die Kajakübungsstrecke im Mangfallpark.

Oder man schaut rüber zum ruhigeren Ludwigsplatz und in die Weinstraße mit ihren kleinen Geschäften und Lokalen. Von hier aus ist man dann schnell am Inn und im Mangfallpark. Hier gibt es Spielgeräte, ein großes Klettergerüst und für größere Kinder eine Wildwasserübungsstrecke. Kein Wunder, denn ein kleines Stück weiter sitzen als Initiatoren der Kajakclub und der Bootsbauer Toni Prijon.

Die Landesgartenschau hat dem Gelände einige Kunstwerke beschert, die nach wie vor kleine und große Hingucker sind. Und was ist das denn? Über dem Stadtbach hängt ein Hut, aus dem es rausregnet! An anderer Stelle gibt es einen Wald aus Laternen, von dem aus man einen kurzweiligen Spaziergang unternehmen kann zum Bambushaus und zur Aussichtskanzel beim Innspitz.

Tipp: An der Flussmündung ist im Sommer chillen angesagt, ab und zu hüpft auch mal jemand ins Wasser.

FAZIT: FREIZEIT PUR ZWISCHEN KAFFEEDUFT UND FLUSSUFERN – SCHWIMMBAD UND BADESEEN SIND AUCH GLEICH GANZ IN DER NÄHE.

Hin & weg: Mit dem Auto oder Zug nach Rosenheim.

Dauer & Strecke: 2 Std. bummeln und schauen, 5 km.

Beste Zeit: Ganzjährig, aber besonders reizvoll im Sommer.

Ausrüstung: Kamera und gute Laune.

STILLE WINKEL ERWANDERN

... im Priener Eichental

#17

Prien mit seinen rund 10 000 Einwohnern ist die größte Ortschaft am Chiemsee, an der »Lakeside« verleihen viele Segler und internationales Publikum dem Ort ein mondänes Flair. Doch Prien hat auch eine ruhige und wildromantische Seite: Die Spur führt ins Eichental, ein echtes Kleinod.

#Eiszeit #altesEWerk #Naturbeobachtung #Wildbach

Kontrastreich präsentiert sich die Chiemseemetropole Prien: buntes, internationales Gewimmel an den »Schären«, wie die Priener den Schiffsanleger mit der Ausflugsflotte nennen. Uferradler, Familien, rüstige Rentner. Doch abseits vom See, hinter dem Altort in Richtung Berge, öffnet sich ein echtes Naturkleinod, das viele Tagestouristen gar nicht kennenlernen – vielleicht zum Glück. Der Priener Marktplatz rund um die Kirche Mariä Himmelfahrt ist schnell erkundet mit seinen alten Häusern und deren hübschen Lüftlmalereien, dem Heimatmuseum samt Kräutergarten und mehreren Cafés.

Am Ortseingang an der Prien beginnt eine abwechslungsreiche und landschaftlich eindrucksvolle Kurzwanderung, sie führt durch das mächtige Eichental. Es ist Ende der letzten Eiszeit durch riesige Wassermassen in der Folge der Chiemseevergletscherung entstanden. In mehreren Schleifen mäandert hier die Prien durch den Taleinschnitt. Sie ist einer der wenigen alpinen Wildflüsse mit einem längeren noch nicht begradigten Wasserlauf. Wasseramseln tauchen ein, bleiben ein paar Sekunden unter Wasser und schwimmen bei der Nahrungssuche mehrere Meter. Wer sehr viel Glück hat, kann auch Eisvögel beobachten,

Erst ein Rundgang durchs Priener Heimatmuseum und dann in eines der Künstlercafés – oder umgekehrt?

die in den Steilufern der Prallhänge brüten. Sie flitzen blitzschnell über die Wasseroberfläche, sind geschickte Flieger.

Als Naherholungsgebiet birgt das Eichental viele verschiedene Attraktionen für Große und Kleine. Die Minis finden einen tollen Spielplatz am Prienufer, die Erwachsenen einen Fitness- und Bewegungspark mit acht Stationen. Gleich mehreren Themenwegen kann man folgen: Kunstobjekte verdeutlichen das »Miteinander« als Ideal, während Infotafeln die Ökologie der Prien als Wildgewässer erklären. »Klassisch« gestaltet sind die Tafeln des Naturlehrpfads, der über die Baumarten entlang des Rundwegs informiert.

Am Schützenwirt (www.prienerschuetzenwirt.de) vorbei führt der Weg Richtung Elektrizitätswerk, einem geeigneten Wendepunkt der Tour. Das E-Werk ist heute denkmalgeschützt, aber immer noch gut in Schuss und in Funktion. Es hat bis 1915 den Strombedarf von Prien und Siggenham komplett abgedeckt, heute könnte es nicht einmal mehr die Straßenbeleuchtung bedienen. Aber es ist ein Beispiel mehr für die Kraft des Wassers: Am Weg gibt es außerdem ein riesiges Mühlrad an

---

Hin & weg: Parkplatz Beilhackstraße. Bahnfahrer können mit dem Meridian oder Eurocity anreisen.

Dauer & Strecke: 2 Std., 5 km mit vielen Infotafeln und Fotostopps, kurzer Aufstieg von 60 hm.

Beste Zeit: Ganzjährig.

Ausrüstung: Schuhe mit guter Profilsohle.

Eichental und Prien bieten Raum für Natur und Kultur: Hier leben Eisvögel, und es gibt Kunstaktionen.

einem Seitenkanal der Prien, und die Aumühle war früher ein von Wasserkraft versorgter Industriebetrieb. Wer im Sommer hier seine Füße kühlen will, hält diese in den Bach oder stapft durchs Kneippbecken – in Prien wirkt die Heilkraft des Wassers.

FAZIT: WANDERUNG FÜR STILLE GENIEßER UND NATURFREUNDE – ABER AUCH GESCHICHTLICH INTERESSIERTE KOMMEN AUF IHRE KOSTEN.

Gasthaus - Pension
Cafe Dörfl
Fam. Edenstrasser
gut bürgerliche Küche
eigene Konditorei
Dienstag Ruhetag

→ ABSTECHER ...

WINTER-WUNDER-LAND

... in der Mühlau

#18

Reichlich verwunschen präsentiert sich die Mühlau, ein kleines Hochtal oberhalb von Oberaudorf. Hier gibt es auch dann noch Winter pur, wenn in den Tälern immer mehr Grün hervorsprießt. Und das Beste: Durch die Mühlau führt eine tolle Loipe.

#Schneepur #Langlaufoase #klassischoderskaten

Orlando, Charly, Camillo und Sirius sind begeistert von ihrer Heimat, denn in dem grünen Hochtal finden sie Ruhe, eine tolle Bergumgebung und viel »g'schmackiges« grünes Gras für ihre Arbeit als Landschaftspfleger. Das Quartett der vier Naturfreunde besteht

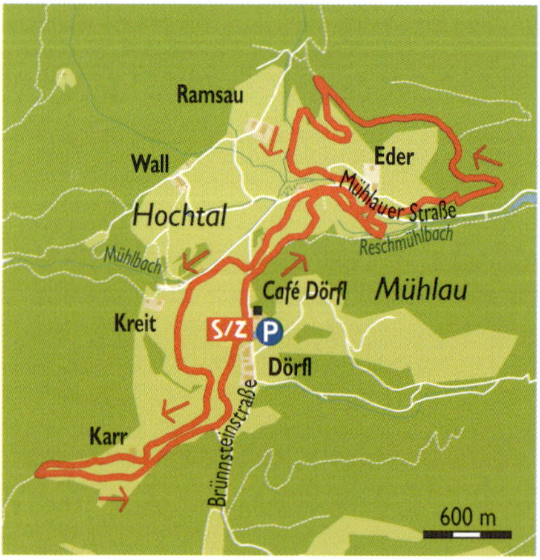

Hin & weg: Mit dem Auto von Oberaudorf über den Luegsteinsee in die Mühlau, Parkplatz am Café Dörfl (freut sich über Einkehr, www.cafedoerfl.de).

Dauer & Strecke: Je nach Lust und Laune, die große Runde inkl. Bergvariante ca. 7 km, 100 hm.

Beste Zeit: Im Hochwinter (Januar, Februar), auch im Spätwinter oft noch gute Verhältnisse durch Schneesicherheit.

Ausrüstung: Typische Langlaufausrüstung, Wechselwäsche.

Loipensportler erleben in der Mühlau einen Wintertraum in Weiß – ob »klassisch« oder für Skatingprofis, die Streckenvarianten bieten für jeden eine perfekte Auswahl.

aus Alpakas und nicht nur diese fühlen sich wohl in der Mühlau. Das abgelegene Hochtal oberhalb von Oberaudorf bildet ein Refugium abseits der belebten Talachse. Lediglich Wanderer und Ruhebedürftige kommen hierher – und freilich Kaffee- und Essensgäste, die gern das Café Dörfl oder den Wallerhof ansteuern.

Inmitten der Landschaft zwischen Brünnstein und Gießenbachklamm liegt das Hochtal, das auch im Winter seine Reize ausbreitet. Die große Freifläche gibt der Sonne eine Chance und durch das Ambiente zieht sich eine Premiumlanglaufloipe, die Geheimtippcharakter hat und bisher nicht in den Loipenführern steht.

Sowohl klassisch langlaufen als auch skaten kann man in mehreren Varianten. Anfänger in der nordischen Disziplin finden hier ein ideales Übungsgelände, denn die Talvariante ist weitgehend flach, sodass man entspannt laufen und trainieren kann. Konditionsbolzen und echte Loipensportler werden von der Bergvariante begeistert sein, bei der man schon beim Anstieg ins Schnaufen kommt. Die Abfahrten sind umso sportlicher und von der einen oder anderen Kurve angereichert, sodass man technisch einigermaßen fit sein muss, um hier Spaß zu haben. Zum Glück ist aber gut gespurt!

FAZIT: EINE SUPERSCHÖNE LANGLAUFOASE FÜR PURISTEN OHNE GROßEN SKIZIRKUS IN DER NÄHE.

Käser Alm

Rodeltrip für Einsteiger

... zur Käser Alm

#19

Ohne halsbrecherische Steilhänge, dafür mit einer tollen Winterlandschaft wie im Bilderbuch und mit einer gemütlichen Einkehrstation – so kommt der Rodeltrip von Grainbach zur Käser Alm daher.

#Wintertraum #Familientrip #Einkehrmusssein

Die Käser Alm ist ein Anziehungspunkt, an dem sich alle wohlfühlen. Hier finden der Almauftrieb und -abtrieb ausnahmsweise auch im Winter statt.

Rodeln kann man ja wie viele andere Sportarten auch so oder so betreiben. Nicht nur Olympioniken stürzen sich waghalsig in den Eiskanal und rauschen in die Tiefe - auch in den Alpen gibt es mancherorts Rodelstrecken mit etlichen Höhenmetern und einiger Steigung. Und wenn die Route noch vereist und kurvig ist, wird es schon mal heikel. Doch zum Glück finden sich im Chiemgau viele Rodelmöglichkeiten für die »Gemütlichen«, die auch ohne halsbrecherische Aktionen gut zurechtkommen und Landschaft und Gemeinschaftserlebnis in den Vordergrund stellen.

Eine wunderschöne Tour führt vom Samerberg an die Hänge der Hochries. Das tief verschneite Grainbach empfängt die Besucher mit einer traumhaften Winterlandschaft, hier lässt es sich ebenfalls sehr schön langlaufen und winterwandern. Vom Parkplatz an der Talstation der Hochriesbahn geht es los auf dem geräumten Winterweg. Mächtige Schneemassen können bei Neuschnee noch in den Fichten hängen und wenn der Wind durchfährt, ist hoffentlich der eigene Jackenkragen gut geschlossen, sonst wird es schnell ein wenig frisch. Viele Familien mit Kindern sind unterwegs, es ist gerade eine schöne Entfernung, auf der man noch Spaß hat beim verschneiten Bergauf. Immer rechts halten - denn es gibt Gegenverkehr von den Enthusiasten, die gleich nach dem Frühstück losgezogen sind und zum Mittagessen wieder unten sein wollen. Auch die Bergwacht und Räumfahrzeuge können einem auf dem Weg begegnen, also ein bisschen aufpassen.

Endstation des Aufstiegs ist die Käser Alm (www.kaeser-alm.de), die an den Winterwochenenden eine hervorragende Einkehrmöglichkeit bietet. Seine mitgebrachten Sachen und Schneereste lässt man möglichst vor der Alm. Im Vorraum kann man Wechselwäsche anlegen, bevor man die Gaststube betritt und Brotzeit und Getränke genießt. Drinnen sitzt

---

Hin & weg: Mit dem Auto von Rosenheim über Achenmühle auf den Samerberg nach Grainbach, Parkplatz an der Talstation der Hochriesbahn.

Dauer & Strecke: Reine Gehzeit bergauf 1 Std., lustige Hütteneinkehr nach persönlicher (Trink-) Laune und Geldbeutel, 4,5 km, 200 hm.

Beste Zeit: Hochwinter (Januar, Februar).

Ausrüstung: Rodelschlitten, Stiefel mit griffiger Profilsohle, Wechselwäsche, je nach Witterung zweites Paar Handschuhe und zweite Mütze.

Rund um Grainbach auf dem Samerberg kann man sonnenbeschienen und gemütlich winterwandern, auch verschiedene Langlaufloipen sind klassisch und für Skating gespurt.

man beieinander oder setzt sich gern dazu, wie auf anderen Hütten ist das Ganze auch ein großer Treff – man kennt sich. Im Sommer sind hier die Mountainbiker, denn im Gebiet sorgt der Bikepark für Adrenalinschübe. Beim Runterrodeln hält sich das Adrenalin in Grenzen, es ist eben eine Rodelstrecke für Einsteiger und Gemütliche.

FAZIT: KURZE, ABER LANDSCHAFTLICH SCHÖNE RODELTOUR MIT FLAIR UND GUTER EINKEHRSTATION.

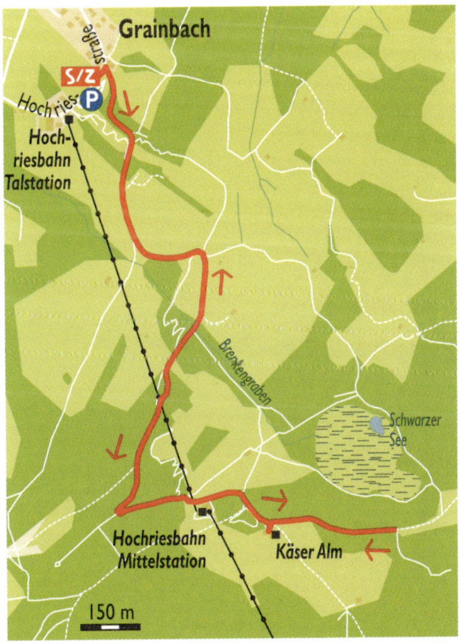

TRAPPER-FEELING

... auf Schneeschuhen zur Wildbichl Alm

#20

Der meiste Schnee im Chiemgau liegt immer im hinteren Bereich der Täler an der Grenze zu Tirol. Das Priental präsentiert sich dann als Wintertraum in Weiß. Vom Bergsteigerdorf Sachrang aus erfährt man mit Schneeschuhen kanadisches Trapperfeeling.

#echtkanadisch #SchneeschuhtourfürEinsteiger #Eierlikörkuchen

Auf leisen Sohlen durch den Winterwald: mit Schneeschuhen unterwegs von Sachrang zur Wildbichl Alm.

Schneeschuhtouren sind eine ganz besondere Naturerfahrung. Ohne das technische Element des Skitourengehens bewegt man sich auf leisen Sohlen durch den Winterwald mit seiner stillen Anmut. Unberührte Landschaft mit lockerem Pulverschnee, meditative Ruhe und einfach mal Einsamkeit ab vom Schuss. Wer im Winter gern an der frischen Luft unterwegs ist, dem bieten Schneeschuhwanderungen eine gute Möglichkeit, sich sportlich zu betätigen. Mit den vergrößerten Fußunterlagen kann man nicht nur auf Winterwanderwegen wandern, sondern durch den Tiefschnee waten und Gipfel erklimmen.

Früher waren Schneeschuhe das Fortbewegungsmittel für Jäger und Trapper in ihren Jagdgründen, ob in den Weiten Nordamerikas oder der Mongolei. Heute liegen Schneeschuhtouren im Trend des Outdoorbooms, doch muss man einige Dinge beachten. Je offener und alpiner das Gelände wird, desto mehr sollte man sich mit Lawinenkunde befassen und sich entsprechende Ausrüstung zulegen, möglichst einen Kurs besuchen. Umweltgerechtes Verhalten ist selbstverständlich: Gerade im Winter benötigen aufgescheuchtes Wild oder die daheimgebliebenen Vögel sehr viel mehr Energie bei der Flucht vor Revier-

Einkehrschwung! Nun geht's erst mal zum Aufwärmen rein in die gute Stube der Wildbichl Alm. Auch für die gefiederten Freunde draußen ist gesorgt.

eindringlingen, daher respektiert man die Betretungsregeln des jeweiligen Gebiets. Oft gibt es an Hängen eine gängige Skitouren- oder Schneeschuhspur – dieser folgt man und legt nicht zusätzlich eigene Pfade an.

Eine schöne Schnupperschneeschuhtour ergibt sich von Sachrang aus, wo man vom Gästehaus Müllner-Peter ostseitig in Richtung Wandberg startet, das erste Stück auf der Schneise eines Forstwegs. Der winterliche Hang schaut

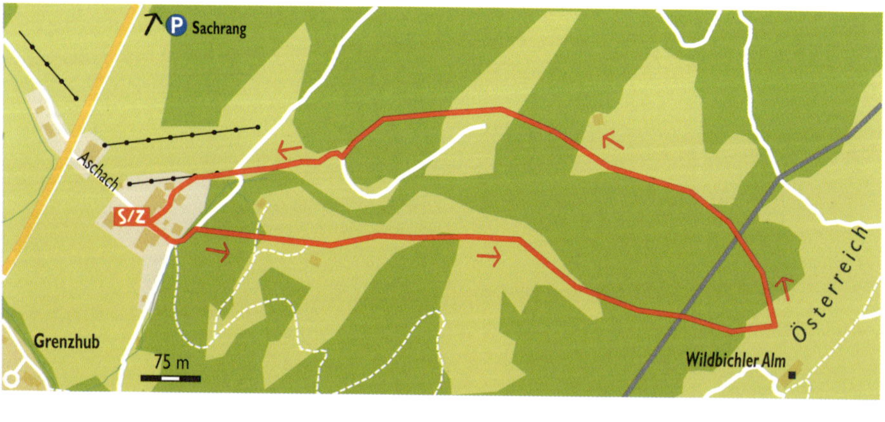

von unten dicht von Bäumen bestanden aus, doch birgt die Route Überraschungen: Mittendrin gibt das Gelände wunderbare große Lichtungen mit verschneiten Landschaften preis, idyllisch wirkt ein Jägerstand am Waldrand. Nach einigen Schweißtropfen und dem Aufstieg abermals durch Waldzonen eröffnen sich Ausblicke in das Inntal und über Kufstein hinaus. Eine feine Einkehradresse zur Halbzeit ist die Wildbichl Alm (www.wildbichlalm.at). Besonders empfehlenswert: Eierlikörkuchen.

Tipp: Gipfelstürmer erweitern die Tour bis zur Karspitze, deren Gipfelkreuz manchmal bis obenhin zugeschneit ist. 100 Meter nach der Wildbichl Alm stapft man einen Hang hinunter und trifft im unteren Bereich wieder auf die Aufstiegsroute – Trapperfeeling pur in der weißen Winterwelt.

FAZIT: ÜBERSCHAUBARE EINSTEIGERTOUR MIT GERINGER LAWINENGEFAHR IN TOLLER WINTERLANDSCHAFT. UND DIE EINKEHR IST EIN TRAUM!

Hin & weg: Mit Auto über Aschau nach Sachrang, Parkplatz beim Bauernhof/Gästehaus Müllner-Peter (Schulstraße 3).

Dauer & Länge: 2 Std., 3 km, 250 hm.

Beste Zeit: Hochwinter (Januar, Februar) mit entsprechender Schneelage (Lawinenwarnbericht beachten!).

Ausrüstung: Schneeschuhe und Trekkingstöcke mit großen Tellern für den Schnee, Wanderstiefel, Gamaschen, atmungsaktive Unterwäsche und Wechselwäsche, eventuell zweites Paar Handschuhe. Ausweis wegen Grenzübertritt.

→ ABSTECHER …

MIT DEN SKIERN AUF DIE ALM

… im Kampenwandgebiet

#21

Nur der Schornstein der Gori Alm schaut aus dem Schnee, ringsherum stehen Skier. Die urige Almhütte unter der Kampenwand öffnet auch im Winter, denn hier kehren Skifahrer und Pistengänger ein – auch abends zur Nachtskitour.

#Pistenskitour #Einkehrschwung #donnerstagsKultfaktor!

Tief verschneit präsentiert sich die Kampenwand im Chiemgauer Hochwinter und dann heißt es im Wintersportbericht »200 Zentimeter« und »Talabfahrt möglich«. Wo im Sommer ein quirliger Wander-, Bike- und Gleitschirmbetrieb herrscht, wird im Winter gepistelt. Das Skigebiet Kampenwand hat allerdings nichts gemein mit dem großen Skizirkus à la Ischgl oder Saalbach, sogar das Sudelfeld erscheint wie ein Luxus-Wellnessressort im Vergleich.

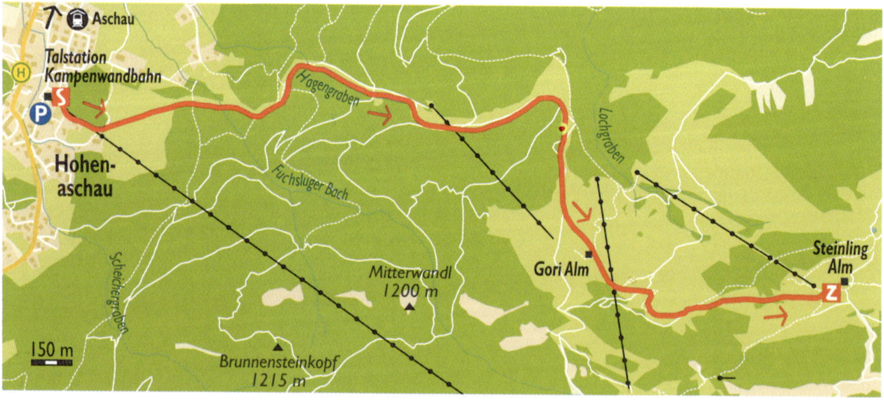

Mal was anderes: Mit Tourenski geht es aufwärts in ein Chiemgauer Schneeparadies, unterwegs bieten sich winterliche Blicke auf Hohenaschau und die Kampenwand im Licht des späten Nachmittags.

Hier geht es unverblümt zu und urig, die einzige Kabinenbahn ist unbeheizt und reichlich betagt. Breite blaue Pisten zum Genusscarven sucht man ebenfalls vergebens, die Talabfahrt ist mittelschwer und zwingt an vielen engeren Stellen zu erhöhter Aufmerksamkeit. Künstlich beschneit werden die Pisten nicht, die Betreiber setzen vielmehr auf Frau Holle.

Und seit einigen Jahren hat sich außer den rustikaleren unter den Skifahrern eine weitere Spezies breitgemacht und zahlenmäßig weiterentwickelt – die Pistengeher. Dabei handelt es sich um Skisportlerinnen und -sportler, die etwas für die Kondition tun und ganz nebenbei die Landschaft genießen möchten. Allerdings ohne sich größer Gedanken machen zu müssen wegen der Lawinengefahr, daher sucht man die Nähe zur vorhandenen Skipiste. Um Abfahrer und Aufsteiger etwas auseinanderzuhalten, wurde unter Federführung des Alpenvereins eine Empfehlung für eine Aufstiegsroute ausgesprochen und beschildert. Großen Zulauf hat das Pistengehen an den Donnerstagabenden, speziell an diesem Tag verzichten die Liftbetreiber auf das Präparieren, um die Unfallgefahr durch Pistenraupen zu minimieren.

So startet man dann also mit der majestätischen Burg Hohenaschau im Rücken und den bunten Gondeln der Kampenwandbahn, die über einem schweben, und gleitet mit frisch angelegten Tourenski und Fellen den Berg hinauf. Wenn das Wetter vielleicht mal nicht so gut ist, und unter der Woche ist man dabei ganz allein und an schönen Tagen auf einer Art Tourengeher-Ameisenstraße. Manchmal am Rand der Piste und passagenweise durch den Wald auf einem Forstweg kommt man in den eigenen Körperrhythmus aus Bein- und Armeinsatz, Atmung und Schweiß. Das offene Almengelände ist eine Schau – Sonne und Landschaft pur!

Tipp: Wer mehr Kondition hat, geht donnerstags und an den Wochenenden weiter bis zur Steinling Alm (www.steinlingalm.de). Doch beim »Gori« (www.gorialm.de) ist für viele schon Endstation und der Startpunkt für die Talabfahrt.

Hin & weg: Mit dem Auto ab den Autobahnausfahrten Frasdorf oder Bernau über Aschau zur Talstation der Kampenwandbahn. Spärliche Busverbindung mit dem RVO-Bus 9496 ab Rosenheim oder vom Bahnhof Aschau bis zur Talstation.

Dauer & Strecke: Zur Gori Alm je nach Fitness 1,5–2 Std., zur Steinling Alm eine ½ Stunde länger. 4 km, 820 hm bis zur Steinling Alm.

Beste Zeit: Hochwinter (Januar, Februar). An Donnerstagabenden wird in Absprache mit dem Alpenverein das Skigebiet nicht präpariert – daher freie Bahn für die abendliche After-Work-Skitour!

Ausrüstung: Skitourenausrüstung (Tourenski, Felle, Trekkingstöcke mit Schneetellern, Wechselwäsche, für aufwärts Langlaufhandschuhe, für Abfahrt Skihandschuhe), heißer Tee und Müsliriegel für möglichen Zwischenstopp.

FAZIT: EINFACHE PISTENTOUR FÜR SKITOURENEINSTEIGER MIT URIGEM EINKEHRSCHWUNG UND TIEFSCHNEEFELDERN AM PISTENRAND ZUM ÜBEN.

AUF DEM CAMINO DI SOLE

... an der Soleleitung von Bernau nach Rottau

#22

Liegt in den Bergen zu viel Schnee, ist eine Winterwanderung an den sonnenbeschienenen Hängen oberhalb des Chiemsees gerade richtig. Zudem läuft man auf historischen Spuren: Hier verlief die alte Salzsoleleitung.

#Sonnetanken #Salzhandel #SalzAlpenSteig #Chiemseeblicke

Schöne Aussichten: Bei der Tour auf der historischen Trasse der Soleleitung öffnen sich Blicke auf die Panoramen von Hochgern und Hochfelln und auf den Chiemsee.

Bernau ist ein vielseitiger Urlaubsort am Chiemsee. An der Ufermeile gibt es Bademöglichkeiten, hier halten Ausflugsschiffe und man kann Vögel beobachten. Unter den Wanderrouten rund um den Ort ist so manches Schmankerl, darunter der Abschnitt eines Fernwander-

Hin & weg: Parken bei der DAV-Kletterhalle (Buchenstr. 17) in Bernau. Oder mit der Bahn (Meridian) stündliche Verbindungen zwischen München und Salzburg.

Dauer & Strecke: Im Winter 3 Std. auf verschneiten Wegen, 10 km, 100 hm.

Beste Zeit: Zu allen Jahreszeiten, reizvoll im Winter wegen des offenen Geländes zum Sonnetanken.

Ausrüstung: Typische Wanderausrüstung, evtl. Gamaschen.

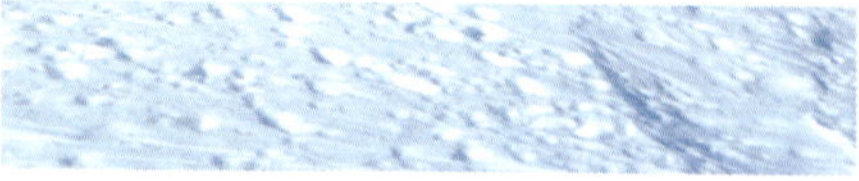

Während in der Bernauer Filze der Schnee bereits schmilzt, bleibt er 100 Meter weiter oben am Berg noch liegen - hier gibt's auch eine Loipe.

wegs. In den letzten Jahren gab es eine Renaissance des Salz-Themas, die Touristiker kreierten daher den SalzAlpenSteig als Wanderroute von Rosenheim bis ins Salzkammergut. Das »Weiße Gold« wurde nach dem Abbau in den Bergwerken von Bad Reichenhall, Berchtesgaden und weiteren Orten verflüssigt und als Salzsole in Pipelines zu den großen Salinen nach Traunstein und Rosenheim gepumpt, wo man die Flüssigkeit wiederum verdampfte und das Salz zurückblieb.

Am oberen Ortsrand von Bernau stößt man auf der Tour auf ein erstes Überbleibsel - es ist die Salinentreppe zum »Aufschlagwasser«, das zum Antrieb der Solepumpen benötigt wurde. Ein guter Platz auch für Wintersportler, denn hier verläuft die Kraimoos-Loipe, nebenan ist ein kleiner Übungslift in Betrieb für Skianfänger oder einfach für zwischendurch.

An alten Bauernhäusern vorbei und hangaufwärts in östlicher Richtung der Markierung SalzAlpenSteig nach, kommt man zu einem Aussichtspunkt. Es ist der Wasserbehälter, der 1954 vom damaligen Bürgermeister Josef Decker errichtet wurde. Von hier hat man einen sehr schönen Blick auf Bernau mit seiner Kirche, auf Herrenchiemsee und auf die erste Reihe der Chiemgauer Berge mit der Kampenwand, dem Hochgern und dem Hochfelln.

Am Hochgern entdeckt man im Wald unterhalb des Gipfels die Schnappenkapelle - ein lohnenswertes Ziel. Durch die kleinen Weiler von Aufing mit seiner Lourdeskapelle und Rudersberg stapft man am Hang entlang durch den Schnee. Durch das Tal an der Staatsstraße ist schließlich Rottau erreicht. Der Ort mit seinen 1000 Einwohnern liegt am Rand der Kendlmühlfilzen, einem großen Naturschutzgebiet. Die Tour macht an der Rottauer Kirche einen Linksschwenk, jetzt geht es Richtung Färbinger Hof an einem Bach entlang durch das Filzengebiet zurück nach Bernau. Von Weitem sieht man schon die Tennishalle und das Bernamare-Hallenbad mit Sauna (www.bernamare.de).

FAZIT: EINE LANDSCHAFTLICH UND GESCHICHTLICH REIZVOLLE KURZWANDERUNG MIT WENIG HÖHENMETERN UND VIEL SONNE IM OFFENEN GELÄNDE.

2. KAPITEL AUSFLÜGE

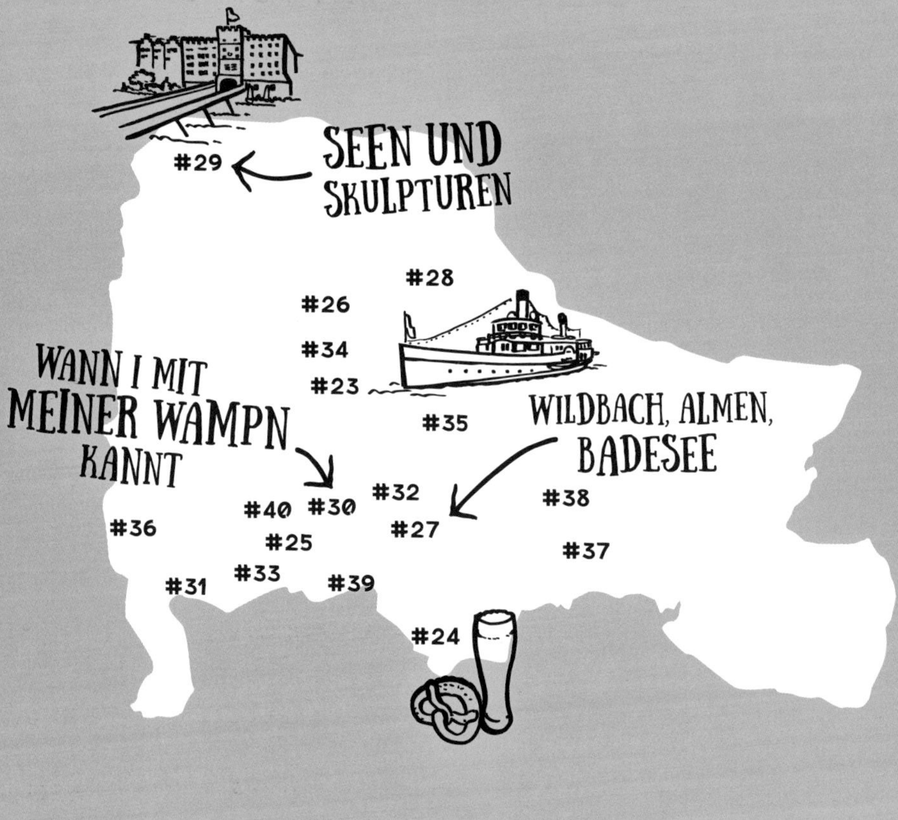

Raus für einen Tag

Mit Trekkingrad, MTB oder Wanderschuhen zu grandiosen Ausblicken oder natürlichen Gewässern. Ob gemütlich oder schweißtreibend – hier ist für jeden etwas dabei.

12H

KÖNIG LUDWIG UND DAS INSEL-KLOSTER

… von Prien zu den Chiemseeinseln

#23

Nicht nur von den Aussichtsbergen aus entfalten die Chiemseeinseln ihre besonderen Reize. Auf einer kombinierten Wander- und Schiffstour lernt man Herren- und Frauenchiemsee intensiv kennen und genießt beim Zurückwandern am Ufer das Alpenpanorama – eine Traumtour!

#KulturTour #Märchenkönig #Chiemseedampfer #Inselzauber

Die »Schären«, so nennen die Einheimischen den Schiffsanleger in Prien-Stock, an dem den Sommer über touristisches Highlife herrscht. Biergärten, Eiscafés und Ruderbootverleihstationen zeichnen das von internationalem Publikum geprägte Seeufer aus. Am Steg grüßt schon der »Märchenkönig« und mit dem Schaufelraddampfer Ludwig Fessler oder einem anderen Schiff der Chiemseeflotte setzt man über zur großen Herreninsel mit ihrem wertvollen alten Waldbestand, wo sich verschiedene Fledermausarten eingenistet haben. Die Insel lädt ein zum Wandern und zur Besichtigung des Schlosses, das aus Geldmangel nicht fertig gebaut wurde. Prunkvoll sind die Räume trotzdem: Die Schlossführerin lässt

Die Fraueninsel ist eines der reizvollsten Chiemgauer Kleinode und ein echtes Gesamtkunstwerk aus Kloster, Gärten, Kunsthandwerk und Gastronomie.

die Menge an Blattgold raten und erklärt, dass allein das Anzünden der Kerzen im effektvollen Spiegelsaal mehrere Stunden dauerte. Die Besucher überschreiten die königliche Badewanne und staunen über das »Tischlein deck dich«, auf welchem dem König immer neue Köstlichkeiten kredenzt wurden. Das »Bayerische Versailles« nennt man Schloss Herrenchiemsee auch, Vorbild war tatsächlich das Schloss des französischen Sonnenkönigs mit all seiner Pracht. Auf dem Rückweg zum Steg lohnt ein Blick ins Augustinerchorherrenstift, denn dort sind viele Werke der Chiemseemaler ausgestellt.

Rustikaler als bei König Ludwig II. geht es auf der Fraueninsel zu: Mehrere Chiemseefischer fangen von hier aus ihre Saiblinge und Renken, es gibt eine Inselbrauerei, Kunsthandwerk, Gaststätten und sogar einen Tante-Emma-Laden. Wer Kontemplation sucht oder Fortbildung, ist im Kloster gut aufgehoben, denn dieses ist auch als Bildungsstätte beliebt und gut besucht.

Nächste Station der Schiffstour ist Gstadt und von hier aus wandert man am Chiemseeufer – oft mit dem Blick auf das Panorama der Kampenwand – zurück nach Prien. Mehrere Badeufer liegen entlang der Strecke und kurz vor dem Finale zieht einen noch der Duft von über dem Feuer gebrutzelten Steckerlfischen an der Fischhütte Relter magisch an.

Tipp: Die Tour ist ausbaubar mit einer Komplettumrundung der Herreninsel.

Hin & weg: Mit dem Auto nach Prien-Stock über die Autobahnausfahrten Frasdorf oder Bernau. Mit der Bahn gute Verbindungen nach Prien, dann zu Fuß 20 Minuten zum See. Oder im Sommer mit dem Feurigen Elias, der historischen Dampfbahn, von Prien-Bahnhof nach Prien-Stock.

Dauer & Strecke: Ca. 4 Std. Gehzeit ohne Schifffahrt, 16 km (auf Herreninsel zum Schloss und zurück, Rundgang Fraueninsel, Wanderung von Gstadt nach Prien). Umrundung der Herreninsel weitere 6 km.

Beste Zeit: Ganzjährig, am schönsten aber zur Badesaison.

Ausrüstung: Wanderausrüstung, leichte Wanderschuhe sind ausreichend. Badesachen!

FAZIT: LANDSCHAFTLICH ZAUBERHAFTE WANDER- UND KULTUR-TOUR MIT EINKEHRSCHWUNG UND BADESTOPPS.

PREMIUM-WANDERN MIT ALM-GENUSS

… bei Reit im Winkl

#24

Oberhalb von Reit im Winkl erstreckt sich ein Netz attraktiver Wege. Diese sind vom Deutschen Wanderinstitut bepunktet und zertifiziert, sodass man hier auf echten Premiumwegen im Almengelände unterwegs ist.

#Wandernbesonders #Traumalmen #Bergblicke #Annakapelle

Oberhalb der Waldstufe öffnet sich ein ausgedehntes Wandergelände mit der anmutigen Annakapelle und dem Gebiet der Hemmersuppenalm.

Sage und schreibe 86 von 100 möglichen Punkten verteilte das Deutsche Wanderinstitut für den Reit im Winkler Weg Almgenuss. Punkte gibt es bei der Zertifizierung für Abwechslungsreichtum, angenehmen Untergrund und schöne Aussichtspunkte, alles ganz genau in einer Urkunde dokumentiert. Grund genug, sich die Route mal genauer anzuschauen! Ein gewisser Trick liegt darin, sich die untersten Höhenmeter durch den Bergwald zu sparen und dafür mehr Zeit im offeneren Almengelände zu verbringen.

Ein häufig verkehrender Pendelbus bringt die Wanderer auf einer steilen Teerstraße mit einigen Serpentinen hinauf zur Hindenburghütte (www.hindenburghuette.de), einer potenziellen Einkehrstation mit »Bergschuh-Testcenter« und vielen Musikveranstaltungen. Eine Aussichtstafel und Wegweiser machen die Orientierung zum Kinderspiel und stressfrei gelangt man zur anmutigen Annakapelle. Ein buntes Farbenpotpourri gefällt nicht nur den Freunden der Makrofotografie: Dunkelblauer Enzian, saftig gelbe Trollblumen, rosafarbenes Knabenkraut und das Hellblau der Vergissmeinnicht ergeben einen schönen Mix. Auf den Kuhweiden finden sich zusätzlich die »Hemmer«, eine bestimmte Distelart. Nach dieser ist auch die nahe gelegene, urige Hemmersuppenalm benannt.

Ab der Felsenquelle und vorbei am Schumacherkreuz führt der Weg als teils schmaler Steig jetzt sportlicher bergauf, bis am Eggenalmkogel ein toller Aussichtspunkt wartet. Der Blick erstreckt sich von Reit im Winkl

Zum »Premiumwandern« gehören bei Reit im Winkl vorbildliche Markierungen und authentische Einkehrstationen wie der Sulzner Kaser mit regionalen Produkten und Musikveranstaltungen.

im Tal über die Kampenwand mit ihrem markanten Hahnenkamm bis hin zum Chiemsee, der sich ruhig und majestätisch in der Ebene des Alpenvorlands ausbreitet. Wie eine kleine Siedlung liegt die 1600 Meter hohe Eggenalm am Berg, das nächste Ziel. Wer Lust hat, nimmt noch das Fellhorn in Angriff, sollte für Auf- und Abstieg aber eine Extrastunde einkalkulieren.

Halbzeit der Tour ist das Straubinger Haus (www.alpenverein-straubing.de/straubinger-haus) mit seinem tollen Blick auf den Wilden Kaiser. Auf der Terrasse mischen sich Wanderer und Mountainbiker, Tages- und Übernachtungsgäste. Durch ein leicht durchfeuchtetes Moorgebiet geht es teils auf einem Bohlenweg retour, viele seltene Insekten und Pflanzen leben in diesem Habitat. Am Sulzner Kaser (www.reitimwinkl.de/sulzner-kaser) und der Hemmersuppenalm ist die Runde schon fast beendet. Hier bietet sich noch eine Einkehr in der Nachmittagssonne an, bevor es von der Hindenburghütte aus wieder »awi« geht ins Tal.

FAZIT: DIE PREMIUMURKUNDE HABEN SICH DIE GEMEINDE REIT IM WINKL UND DAS ALMENGELÄNDE REDLICH VERDIENT!

Hin & weg: Parken in Reit im Winkl, Kleinbustransfer ab Touristinfo bis Hindenburghütte. Gute Busverbindung ab Prien mit RVO-Bus 9505.

Dauer & Strecke: 2,5–3 Std., 8,5 km, 450 hm.

Beste Zeit: Frühjahr–Herbst.

Ausrüstung: Typische Wanderausrüstung, mittelschwere Bergschuhe.

KÜHLE GUMPEN

... Tour zur Hofbauernalm

#25

Das Massiv der Kampenwand ist hochfrequentiert von Wanderern, Mountainbikern und Seilbahntouristen. Doch auf der anderen Seite des Berges bieten sich ruhigere Wandermöglichkeiten für stille Genießer und mit der Hofbauernalm eine attraktive Anlaufstelle.

#Flussbad #Prientalblick #zünftigerEinkehrschwung #Almkapelle

Erst heißt es schwitzen, dann stürzt man sich in den Naturpool: perfekt zur Abkühlung nach der Tour!

Über 200 Aufstiegsvarianten gibt es angeblich zum Kampenwandgipfel – eine Gruppe von Bergführern soll mal alle Optionen zusammengetragen und durchdiskutiert haben. So sind die populärsten Touren die vom Parkplatz an der Kampenwandbahn aus auf der Nordwestseite, wo es vor allem an Sommerwochenenden so richtig »wurlt«. Urlauber und auch mancher Einheimische wählen dann den Reitweg und peilen zumindest die Gori oder Steinling Alm an, wenn es schon nicht zum Gipfel geht. Wesentlich weniger begangen ist die Tour von Hainbach im Priental aus, auf der man von der beliebten Seilbahn gar nichts mitbekommt. Ein echtes Wanderrefugium und auch von Bikern eher selten befahren. An heißen Tagen wird man an der einen oder anderen Gumpe des Klausgrabens Station machen, der tiefe Einschnitt wirkt kühlend und bietet viel Schatten. An einem Sattel könnte man Richtung Dalsenalmen und weiter nach Schleching, aber das Ziel heißt ja Hofbauernalm,

Auf einem schmalen Pfad durch Bergwald gelangt man zur Hofbauernalm mit ihrer tollen Aussicht ins Priental.

und daher geht es links in nördlicher Richtung weiter, der Wanderweg 200 und die Markierung Via Alpina weisen den Weg.

Sehr lauschig und durch einen attraktiven Bergwald schlängelt sich der schmale Pfad hangaufwärts. Ein Offengelände eignet sich als Rastplatz, von hier hat man einen schönen Blick Richtung Osten. 50 Höhenmeter oberhalb verläuft quer der Weg zur Hofbauernalm. Also über die Kuhweide hoch und nach links in westlicher Richtung halten. In einem offe-

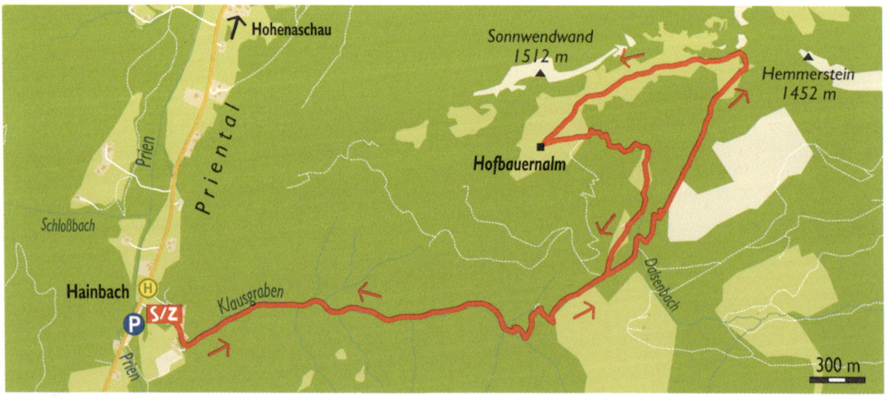

Die Alm hat einiges zu bieten: Käsebrotzeiten, eine Kapelle mit weitem Blick und viele Tiere.

nen Almengelände kommt der Pfad schnell an einer Viehtränke vorbei, wo ein Schild Auskunft gibt über die lange Tradition der Alm: Schon 1558, also vor über 400 Jahren, wurde sie erstmals urkundlich erwähnt! Die heutige, »moderne« Hofbauernalm ist rasch erreicht: Es ist eine der Chiemgauer Almen mit bester Aussicht - die Tour hat sich absolut gelohnt. Das Priental breitet sich vor der kleinen Almenkapelle aus, gegenüber und hoch über dem Tal erheben sich Hochries, Laubenstein und Zinnenberg. Nicht nur ein Augenschmaus sind die leckeren Käsebrote, die die jungen Sennerinnen auf der Terrasse mit dem prächtigen Blumenschmuck präsentieren, dazu schmeckt eine Schorle.

Hin & weg: Wanderparkplatz Hainbach im Priental, etwa 3 km von Hohenaschau entfernt. Wenige Busverbindungen durch das Priental nach Hohenaschau (Linien Aschau-Sachrang und Bernau-Niederndorf).

Dauer & Strecke: 2,5 Std. Aufstieg, 2 Std. Abstieg, 10 km, 800 hm.

Beste Zeit: Frühjahr-Herbst. Die Hofbauernalm hat von Juni-September täglich geöffnet.

Ausrüstung: Typische Wanderausrüstung mit mittelschweren Bergschuhen.

FAZIT: EINE RUHIGE, TOLL GELEGENE EINKEHRSTATION, EIN WENIG FREQUENTIERTER BERGPFAD UND FRISCHE BADEGUMPEN – WAS WILL MAN MEHR?

EISZEIT-SEEN UND LIBELLEN

... in der Eggstätter Seenplatte

#26

Ein wenig entrückt wirkt das älteste Naturschutzgebiet Bayerns, die Eggstätt-Hemhofer Seenplatte. Eine schöne Rundtour erschließt die Landschaft nördlich des Simssees. Dort gibt es versteckte Buchten, Wasservögel und Libellen. Die Badesachen sind mit dabei für verschiedene Schwimmstopps.

#lauschigeBadeufer #schattigeWege #Zeitlassen #urigeEinkehr

Land und Wasser sind hier eng verzahnt: Die Eggstätter Seenplatte besticht durch ruhige Wanderwege auf Waldboden und weltentrückt anmutende Badeplätze.

Es ist eine Landschaft, die völlig »unbergerisch« daherkommt und die eher an die Seenregionen in Mecklenburg-Vorpommern erinnert. Kein Wunder, denn der Entstehungsprozess ist ähnlich. Die letzte Eiszeit vor mehr als 10 000 Jahren ist für die Formung der Seenplatte verantwortlich. Inn-, Prien- und Chiemseegletscher berührten sich in ihren Zungenbereichen genau dort, wo heute der große Biotopverbund mit den Seeoner Seen besteht.

Gesteinsschutt wurde aufgeschoben zu Moränenwällen und Eisrandterrassen, heute die Kuppen und Mulden des Gebiets. Riesige Eisblöcke blieben in der Landschaft, abgelöst vom Hauptstrom der Gletscher. Sie tieften sich ein, schmolzen aber und hinterließen sogenannte Toteislöcher entweder als trockene Mulden oder als kleinere und größere Seen. Durch Sedimentierung entstanden wasserundurchlässige Schichten am Grund des mit Wasser reichlich gesegneten Gebiets. Sümpfe und Moore bildeten sich heraus, und heute sehen wir ein urtümliches, nacheiszeitliches Landschaftsgesamtkunstwerk.

Die Seenplatte beherbergt ein Mosaik hochwertiger und zerbrechlicher Lebensräume. Es gibt eine Vielzahl von Wasserflächen, Schwingrasen, Schwimmblatt- und Verlandungszonen, Quellen, Tümpel, Bäche und Auen, Moorgebiete und lichte Laubmischwälder. Hier leben viele seltene Wasservögel, Amphibien und über 40 verschiedene Libellenarten wie die vom Aussterben bedrohte Zierliche Moosjungfer.

Hin & weg: Mit dem Auto über Bad Endorf Richtung Eggstätt, Parkplatz am Schloss Hartmannsberg.

Dauer & Strecke: Reine Gehzeit 2,5 Std., 10 km. Das Geheimnis liegt im Flow – Zeit lassen!

Beste Zeit: Ganzjährig, am schönsten aber zur Badesaison.

Ausrüstung: Leichte Wanderschuhe genügen, Badesachen mitnehmen.

Das Gebiet lässt sich am besten zu Fuß entdecken. Wanderwege führen entlang der Seen und durch die reizvollen Waldbestände. Das Auto lässt man am Schloss Hartmannsberg und läuft erst einmal zum Kesselsee mit seinen riesigen Karpfen. Dann um den Hartsee herum, dort gibt es am Nordufer ein Freizeitgelände mit Kiosk. Die Trilogie der Badeseen schließt der Schloßsee ab, von hier aus bietet sich noch ein uriger Einkehrschwung beim Brandlwirt in Hemhof an.

Tipp: Vielleicht gibt es beim Kramerwirt (www.hubbi.net), den hier alle nur als »Hubbi« kennen, abends noch Kabarett oder ein Konzert?

FAZIT: CHILLIGER WANDER- UND BADETAG IN LEICHT ENTRÜCKTER LANDSCHAFT.

WILDBACH, ALMEN, BADESEE

… von Unterwössen zur Jochbergalm

#27

Dieses perfekte dreigängige Menü ist auch für heiße Tage eine Schau. Die Vorspeise ist ein kühles Bachtal, Hauptgericht die weiten Blicke von Jochberg- und Rechenbergalm und als Dessert kredenzt die Landschaft noch den Wössner See.

#Landschaftskino #ChillenmitGurnwandblick #EinihupfinWössnerSee

Leinwand frei fürs Landschaftskino! Der Jochbergsattel bietet einen Gurnwandblick im Breitwandformat.

Das Ökomodell Achental vereint eine umweltverträgliche Regionalentwicklung mit nachhaltigem Tourismus, Radeln und Wandern stehen hier hoch im Kurs. Beiderseits der Ache bietet die vielfältige Almenlandschaft Möglichkeiten zum »Genusstrekking«, denn auf jeder Alm gibt es andere Hüttenschmankerl zum Probieren. Und die Blicke ins Tal und auf andere Chiemgauberge sind bestes Landschaftskino im Breitwandformat.

Von Unterwössen aus (Josef-Aberger-Straße, dann Hochgernstraße) am Kaltenbach entlang geht es sportlich, aber nicht zu steil aufwärts. Wer trotz des schattigen Wegverlaufs schon ins Schwitzen kommt, sucht sich eine passende Gumpe zur Abkühlung! Das Gelände öffnet sich und aus einer dichten Wald- wird eine lichte Almenzone. Hier können die Blicke schweifen: Drüben, Richtung östlicher Chiemgau und Ruhpolding, erhebt sich der Gurnwandkopf mit seiner mächtigen Westflanke. Geigelstein und Kampenwand sind weitere Gipfelziele in den anderen Richtungen. Am besten lässt man sich auf der Jochbergalm

Die Jochbergalm mit ihrer Terrasse ist die perfekte Open-Air-Kino-Lounge, als Drink gibt's »Buttermilli«.

nieder, die mit einem wahren Gartenparadies und einer Chillout-Area lockt. Oder beim benachbarten, ebenso urigen Oberwidholzkaser, wo es »g'schmackige« Brotzeiten, »Buttermilli« und Bier gibt.

Hin & weg: Mit RVO-Bus von Übersee oder Prien bis Bushaltestelle Unterwössen-Zentrum. Mit dem Auto: diverse Parkmöglichkeiten in Unterwössen. Alternativ Wanderparkplatz bergauf im Ortsteil Grund am Hochgernweg. Zurück: an der Talstraße Bus erwischen (hält auch nah am Wössner See) oder retour auf Wanderweg At1.

Dauer & Strecke: 5–6 Std. reine Gehzeit, 16 km, 880 hm.

Beste Zeit: Mai–Oktober, Öffnungszeiten der Almen am besten bei der Tourist-Information Unterwössen erfragen (Tel. 08641/82 05).

Ausrüstung: Typische Wanderausrüstung, mittelschwere Wanderschuhe.

Eigentlich könnte man es hier schon gut sein lassen, aber die Tour ist eine Rundwanderung: Durch ein Waldstück über den Rechenberg führt die Route zur Rechenbergalm. Dort liegt an Ruhetagen die Limo für die Wanderer gekühlt im Brunnen. »Abi« auf dem Forstweg und in Oberwössen rechts der Durchfahrtstraße halten. Auf dem Wanderweg At1, einem echten Wegekleinod, läuft man hinter dem Campingplatz vorbei, kurz darauf glitzert der Wössner See durch die Bäume – eine echte Perle des Achentals und eine Wohltat für die Waden. Das Wasser und die Seewirtschaft sind das passende Dessert der Tour und laden zu einem längeren Ausklang ein.

FAZIT: ALMENGENUSSTOUR MIT ZÜNFTIGER BROTZEIT UND WEITBLICK!

KELTEN UND RÖMER

… an der Alz

#28

Die Radrunde um den Chiemsee ist ein Klassiker in der Region. Aber wie wäre es mit einer Extraschleife nördlich des Chiemsees die Alz entlang? Die Tour abseits des Trubels berührt Orte, die durch Kelten und Römer historische Bedeutung erlangt haben.

#indieVergangenheittauchen #Klosterbier #badenimFluss #Alzfähre

Der Chiemgau und Seebruck sind reich an antiken Funden. Oben das Keltengehöft von Stöffling, das untere Bild zeigt die Römerbrücke von Seebruck.

Wer den Chiemseerundweg bereits kennt, dem wird in Seebruck der »römische« Empfang aufgefallen sein – am Römermuseum Bedaium (www.roemermuseum-bedaium.byseum.de) ist auch der Start zu dieser Tour entlang der Alz. Neben den historischen Hinterlassenschaften im Museum schmücken mediterrane Pflanzen wie Oleander und Myrte einen antiken Ziergarten und auf einer Hauswand prangt ein Relief, das Auskunft gibt über die historische Bedeutung von Seebruck. Hier überspannt die Alzbrücke den Fluss, sie bestand schon zu Zeiten einer keltisch-römischen Siedlung.

Die obere Alz ist einer der ursprünglichsten Flussläufe in Süddeutschland, naturnah und ein Erbe der eiszeitlichen Vergletscherung der Landschaft. Geschützte Pflanzenarten wie Wassernabel und Lungen-Enzian kommen hier vor, abgesehen von den vielen Wasservögeln.

Diesem schönen Flusslauf folgt die Radroute auf historischen Spuren: Mit Blicken aufs Wasser – im Sommer sind viele Paddler und Flöße auf der Alz unterwegs – radelt man durch den Auenwald und lernt auf dem Weg einige Baumarten kennen mitsamt ihrer Symbolik in keltischer Zeit. Aus dem Wald heraus gelangt man zu einem Nachbau des Keltengehöfts von Stöffling. Die Kelten, die man dort noch immer antreffen kann, sind Mitglieder historischer Vereine, die den Ort mit Aktionen, Kostümen und viel guter Laune beleben. Ein Abstecher führt zur Keltenschanze, einer alten Wallanlage. Nächste Station ist Truchtlaching mit dem lauschigen Freibad an der Alz, dann geht es weiter nach Altenmarkt zum Kloster Baumburg. Auf dem Klostergelände wird Bier gebraut und, klar, hier gibt es auch eine urige Einkehrmöglichkeit.

Alles fließt: Beim Gasthaus Roiter kann man sich über die sportliche Alz übersetzen lassen; rechts das Alzbad bei Truchtlaching, ein Ensemble aus Brücke, Kirche und Wirtshaus.

Auf dem Rückweg streift die Radroute wieder die Alz, die auf diesem Abschnitt eine sportliche Strömung aufweist. »Alzfähre« ist ausgeschildert und mit einer Klingel holt man das Fährpersonal vom Roiter (www.roiter.de) herbei, einer netten Wirtschaft, abgeschieden und wildromantisch gelegen. Am anderen Alzufer geht es durch die Chiemgauer Hügel- und Flussterrassenlandschaft gemütlich gen Chiemsee zurück mit einem weiteren spannenden Abstecher in die Vergangenheit: dem altbajuwarischen Gräberfeld von Ischl. Man hatte die Menschen so begraben, dass ihr Blick nach Osten ging zur aufgehenden Sonne. Übrigens fand man an dem Ort einen der frühesten Belege für das Löwenmotiv in Bayern, das ja immer noch in Wappen seine Symbolik entfaltet.

Hin & weg: Parken im Ort. RVO-Bus 9586 (Chiemseeringlinie mit Fahrradanhänger), Haltestelle Seebruck-Landungssteg. Im Sommer auch mit der Chiemseeschifffahrt.

Dauer & Strecke: 4 Std. inkl. Lektüre vieler Infotafeln, ca. 35 km.

Beste Zeit: Im Sommer wegen der vielen Schwimmgelegenheiten, sonst auch im Frühjahr und Herbst.

Ausrüstung: Mountainbike oder Trekkingrad, Schwimmsachen.

FAZIT: GESCHICHTLICH UND LANDSCHAFTLICH REIZVOLLE ENTDECKERTOUR MIT GEHEIMTIPPCHARAKTER.

SEEN UND SKULPTUREN

... mit dem Bike durch die Chiemgauer Seenkette

#29

Wenn am Wochenende bei Bergwetter auf den Almen Hochfrequenz angesagt ist und es am Gipfelkreuz eng wird, kann man im nördlichen Chiemgau auf Radtouren noch stille Entdeckungen machen.

#GeistundSeele #Wasserburg #Seenplatte #KlosterSeeon

Wasserburg, die »Sieben-Achtel-Insel«, mit seinen über vierhundert denkmalgeschützten Häusern ist eine Flussperle am Inn. In der historischen Altstadt leben viele Künstler.

»Gegenläufig« ist manchmal angesagt, wenn es alle in die Berge zieht. Dann ist die Region nördlich des Chiemsees eine Entdeckungsreise wert und es geht auf ruhigen Radwegen durch einen zauberhaften Landstrich. Zwischen Wasserburg und Rosenheim reihen sich kleine Seen wie Perlen an einer Schnur aneinander – es sind Refugien der Stille, aber auch Orte der Bildung und der Kunst.

Die Tour startet in Wasserburg am Inn, wo auf der »Sieben-Achtel-Insel« der Altstadt über 400 denkmalgeschützte Häuser stehen und die bunten Fassaden an Italien erinnern. Weg vom Rummel des Tagestourismus, gelangt man von hier aus in eine etwas andere Zeitrechnung. In den Weilern zwischen Penzing und St. Leonhard pflegt man die Bräuche: In einem Garten steht ein kreativer »Hungerbaum« für die frisch Verlobten, in der Nachbarschaft Storchenskulpturen, an Wäscheleinen hängen Strampelanzüge.

Über lauschige Waldwege und auf wenig befahrenen Straßen radelt man nach Schnaitsee und zum urigen Badeweiher, wo hölzerne Umkleiden nostalgisches Flair verbreiten. »Bei uns gibt's koa Bade-Card net«, meint die Frau an der Kasse zu einem Badegast, der sich nach einer elektronischen Dauerkarte erkundigt hat, »dein Name steht in meim Biacherl, des langt.« Nächste Perle an der Schnur ist der Obinger See. Schon von Weitem grüßt eine freundliche Skulptur am Uferweg. Große, in die Landschaft integrierte Plastiken fordern das Auge des Betrachters heraus und regen zu Diskussionen an – baden kann man freilich auch dabei!

Werke von Holzbildhauer Andreas Kuhnlein im Kloster Seeon: Sie zeigen in natürlicher Umgebung von See und Garten Odysseus und Sisyphos in Bewegung.

Die Seenroute passiert den beliebten Griessee, bis aus einer Senke Kirchtürme aufragen. Es ist Kloster Seeon, das über eine Brücke und vorbei an einer Skulptur von Heinrich Kirchner erreicht ist. Der Klostergarten inmitten des Seeoner Sees bietet sich zu einer kontemplativen Unterbrechung der Tour an. Im Zentrum der aktuellen Ausstellung stehen die hölzernen Skulpturen des Bildhauers Andreas Kuhnlein. Figuren wie Odysseus und Sisyphos hat er mit der Kettensäge aus Baumstämmen herausmodelliert.

Durch die Eggstätter Seenplatte und auf der alten Römerstraße Via Julia rollt man weiter nach Süden, oft mit tollem Blick auf Kampenwand oder Wendelstein. Vom Hofstätter See ist es nicht mehr weit ins Inntal – die Schlussetappe ist erreicht. Irgendwie ziehen einen die Berge schon magisch an – bei nächster Gelegenheit geht es zur Abwechslung wieder auf einen Gipfel!

FAZIT: RADELN TRAINIERT NICHT NUR DIE BEINE, SONDERN AUCH GEIST UND SEELE.

Hin & weg: Mit der Bahn (Fahrradmitnahme) nach Wasserburg. Zurück mit der Bahn ab Rosenheim.

Dauer & Strecke: Sportliche 4 Std. Radlzeit, mit Pausen und Betrachten der Skulpturen ein kompletter Tag, 80 km

Beste Zeit: Zur Seenschwimmsaison, ab Mitte/Ende Mai–Ende September.

Ausrüstung: Cross-, Touren- oder Mountainbike.

WANN I MIT MEINER WAMPN KANNT

… gangad i auf d'Kampenwand

#30

»Ich würde schon auf die Kampenwand gehen, wenn mich mein Bauchumfang nur ließe«, so lautet ein viel zitierter Spruch. Eine Besteigung des Chiemgauer Paradebergs gehört zum Pflichtprogramm – muss ja nicht an einem Wochenende noch dazu in den Ferien sein.

#kraxeln #alpinerGipfelsturm #Gleitschirmkarussell #Chiemgaukreuz

Das Gipfelkreuz des vorgelagerten Sulten bietet Rundumblick auf Chiemsee und Kampenwand.

Die Kampenwand ist mit ihrem charakteristischen Profil der Paradeberg der Chiemgauer. Hier treffen sich Turnschuhtouristen und Kletterer, Mountainbiker und Fernwanderer, also quasi alle. Der Seilbahnbetrieb von Hohenaschau aus ist beliebt und der kurze Weg von der Gipfelstation der Bergbahn bis zur Steinling Alm hochfrequentiert – von Familien mit kleinen Kindern und deren Großeltern, »G'wamperten« und Gehfaulen, die alle gern den Blick auf das Rosenheimer Land und den Chiemsee genießen.

Über 200 Wegvarianten hinauf auf den Gipfel soll es geben, der Berg zieht einfach an, wegen der tollen Aussicht auf Chiemsee und Region. Und freilich wegen des Gipfel-Kitzels! (Wobei man auf den letzten Metern aufpassen muss, denn einige Steine sind durch die vielen Turnschuhe abgetreten und speckig geputzt.) Dann das offene Almengelände mit gleich mehreren Einkehrstationen. Das Liftstüberl am Waldrand, an der Bergstation der Seilbahn die Sonnenalm, als höchstgelegene die Steinling Alm und zwischendrin die

Die Burg Hohenaschau ist Startpunkt für die Seilbahntouristen und bietet als sommerliche Attraktion Flugvorführungen von Greifvögeln an.

Schlechtenbergalm und der Gori. Alle miteinander geben ein schönes Bild ab, wenn Gleitschirmflieger drübersegeln, und es hockt sich dort einfach gut.

Der vielleicht früheste Erkunder der Kampenwand – der Name Kampen bedeutet so viel wie Hahnenkamm – war der Vermesser Philipp Apian, der im 16. Jahrhundert für ein doppeltes Lehrergehalt Bayern in Landkartenform brachte. 1561 war er fertig mit seiner fünf mal fünf Meter großen Karte, die er später auf 22 handlichere Teilstücke einschrumpfte.

Die aktuelle Bergbesteigung starten die meisten von Hohenaschau aus und folgen einfach der üppigen Beschilderung. Der historische Reitweg zieht sich als nicht zu breiter Wanderweg angenehm zunächst durch den Wald hinauf und quert die Skipiste. Auf einem breiteren Fahrweg erreicht man das Liftstüberl und kann ab hier auf einem reizvollen Wanderpfad mit dem einen oder anderen Chiemseeblick das offene Almengelände queren. Letzte Station vor dem Gipfelsturm ist die Steinling Alm (www.steinlingalm.de) mit ihrer sonnigen Terrasse – wobei man vom vorgelagerten Sulten den besseren Chiemseeblick hat.

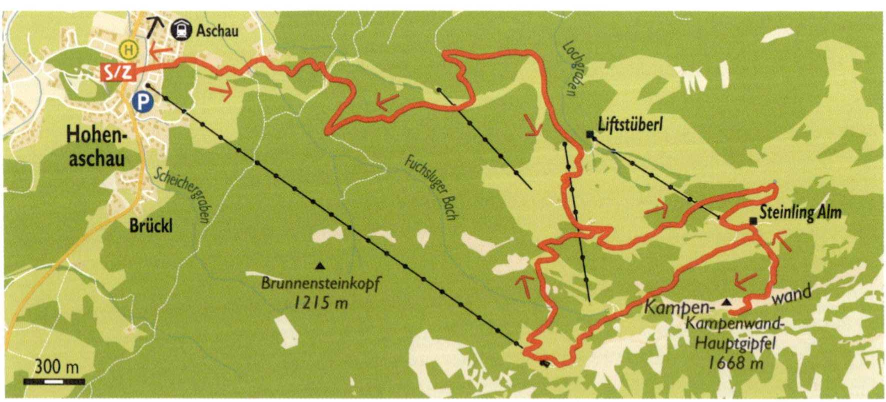

Von der Steinlingalm geht's zum Gipfelsturm auf die Kampenwand: Der Weg ist nichts für übermütige Bergfreunde mit Slippern und Turnschuhen – hier droht Absturzgefahr!

Steil durchs Almengelände und mit etwas Gekraxel ist dann der Gipfel erreicht, wo die frechen Bergdohlen schon auf einen warten, um sich ein Stückchen von der mitgebrachten Brotzeit abzuholen. Dabei kann man das gigantische Gipfelkreuz, auch Chiemgaukreuz genannt, auf sich wirken lassen. Zu besonderen Anlässen ist es nachts beleuchtet, seit Kurzem mithilfe einer Solaranlage. Das zwölf Meter hohe Kreuz wurde 1951 errichtet in Gedenken an die Gefallenen, Vermissten und Verstorbenen der Chiemgaugemeinden in den beiden Weltkriegen.

Tipp: Wer seine Knie schonen will, kann mit der Seilbahn »one way« hinunterfahren und auf dem Weg zur Bergstation Kletterer an einzelnen Felsen bewundern.

FAZIT: SPORTLICHE WANDERUNG MIT LEICHT ALPINEM GIPFELAUSFLUG UND KRAXELPASSAGE – NICHTS FÜR SCHWINDELANFÄLLIGE.

Hin & weg: Autobahn München–Salzburg, Ausfahrt Frasdorf oder Bernau nach Hohenaschau, Parkplatz Kampenwandseilbahn. Oder mit dem RVO-Bus 9502 ab Bernau nach Hohenaschau, Haltestelle Schloßeinkehr/Kampenwand. Mit der Bahn von Prien nach Aschau und zu Fuß nach Hohenaschau.

Dauer & Strecke: 3–4 Std. Aufstieg, 2,5 Std. Abstieg, 13 km, 1000 hm.

Beste Zeit: Frühling–Herbst.

Ausrüstung: Wandertypisches Tagesgepäck, mittelschwere Bergschuhe.

BESTE AUSSICHTEN INS INNTAL

... vom Kranzhorn aus

#31

Das Kranzhorn ist ein Paradeaussichtsgipfel oberhalb des mächtigen Inntals. Zwei Gipfelkreuze markieren seine Lage auf der Grenze zwischen Bayern und Tirol. Und die Kranzhorn Alm bietet ein schönes Ambiente für alle Altersgruppen.

Steil und wurzelig führt das Jagersteigerl bergauf – vom Gipfel aus genießt man Blicke bis weit ins Inntal und freut sich auf die reichhaltige Speisekarte der Kranzhorn Alm.

Gerade recht für einen sportlichen halben Tag ist die Tour aufs Kranzhorn, einen Gipfel auf der Ostseite des Inntals. »Kranz« steht für seine Grenzlage zwischen Deutschland und Österreich, denn der Berg gehört teils zu Erl in Tirol, teils zu Nussdorf in Bayern. In Erl fallen die beiden Opernhäuser auf, seit über 400 Jahren schon gibt es die Festspiele mit überregionalem Ruf (www.tiroler-festspiele.at).

Verschiedene Wege führen auf das Kranzhorn, weiter oben am Berg käme man mit dem Auto zu einem Wanderparkplatz und spart Höhenmeter. Diese Tour aber startet vom Erler Ortsteil Scheiben aus. Zunächst auf einem gemütlich bergauf ziehenden Weg genießt man noch Blicke auf Erl und den gegenüberliegenden Wildbarren, einen Pfeiler auf der anderen Seite des Inntals. Dann der Abzweig – jetzt wird es richtig knackig. Auf einem schmalen Jägersteig wickelt sich der Wanderpfad bergauf und passiert das »Erler Herz«, eine Gesteinsformation.

Durch den schönen Laubwald wandert es sich auch an wärmeren Tagen angenehm und schattig bergauf mit einigen Grenzmarkierungen auf Steinen. Der Schweiß fließt und der

Hin & weg: Parkmöglichkeit in Scheiben, Ortsteil von Erl.

Dauer & Strecke: 3 Std. Aufstieg, 2,5 Std. Abstieg, 8 km, 870 hm.

Beste Zeit: Frühjahr–Herbst.

Ausrüstung: Typische Wanderausrüstung, mittelschwere Bergschuhe. Personalausweis wegen Grenzübertritt.

Vorsicht, Schmusegefahr! Auf der Kranzhorn Alm warten liebevolle Details auf die Gäste, dazu Ziegen und Hasen – und ab und zu gibt es ein Almkonzert.

Wald wandelt sich zu einem offenen Almengelände in praller Sonne. Jetzt ist es nicht mehr weit zur Kranzhorn Alm, aber erst kommt noch die Herausforderung des Gipfelaufstiegs. Kurz vor dem Gipfel links steht die hübsche Kranzhorn-Kapelle, sie stammt laut einer Tafel vermutlich aus dem 17. Jahrhundert, als der Bereich für die Almwirtschaft erschlossen wurde.

Auf den Gipfel mit seinen zwei Kreuzen führt ein schmaler Grat – Obacht geben! Jetzt zeigen sich die Aussichtsqualitäten des Kranzhorns und belohnen für den steilen Aufstieg: Zahmer und Wilder Kaiser liegen vor einem, der Pendling bei Kufstein, gegenüber das Sudelfeld und der Wendelstein. Das Inntal als Mega-Verkehrsachse mit Autobahn und Bahnlinie durchzieht das Panorama und bildet einen tiefen Einschnitt.

So manchen Augen- und natürlich auch Gaumenschmeichler offeriert die Kranzhorn Alm (www.kranzhorn.at). Es gibt besondere Säfte aus regionaler Produktion, gute Kuchen und selbst gemachten Kaiserschmarren. In der Alm fallen Musikinstrumente ins Auge zur regelmäßigen Hüttenmusik. Den Kindern gefallen die Kaninchen und Zwergziegen, es gibt sogar einen eigenen Kinderstammtisch – hier oben hält man es gern länger aus.

FAZIT: KEINE TOUR FÜR GEHFAULE, ABER DAS TOLLE PANORAMA UND DIE URIGE EINKEHR SIND EIN ANGEMESSENER AUSGLEICH FÜR VERGOSSENEN SCHWEIß.

KIESBÄNKE AM FLUSS

... entlang der Tiroler Ache

#32

Das Achental durchschneidet die Chiemgauer Alpen und verbindet den Chiemsee mit Tirol. Mit normalen Tourenrädern durchstreift man auf dem Achentalradweg die Landschaft entlang eines oft noch naturbelassenen Wildflusses, entdeckt kleine Ortschaften mit Charme und hüpft ins Wasser.

#Wadentraining #ÖkomodellAchental #SeeEinihupf #Einkehrschwünge

Man braucht kein Mountainbike, um im Chiemgau die Berge aus der Nähe zu betrachten, denn der Achentalradweg erschließt eines der schönsten Alpentäler. Bebauung, Berghänge und Flusslandschaft stehen noch in einem angenehmen Gleichgewicht, betreut von der Initiative Ökomodell Achental. Die hervorragend ausgeschilderte Runde erschließt das gesamte Achental vom Chiemsee bis zur Tiroler Grenze abseits von Straßen mit tollen Blicken in die Berge und auf den Fluss. Verschiedene Naturschutzgebiete und reizvolle, traditionsreiche Ortschaften liegen auf der variantenreichen Route. Und freilich auch der eine oder andere Einkehrschwung!

Vom Bahnhof Übersee aus geht es erst mal sportlich aufwärts über den Westerbuchberg und dann durch die Kendlmühlfilzen vorbei am Torfbahnhof. In nördlicher Richtung bildet der Wildfluss eines der größten Binnendeltas Europas und trägt seine Sedimente in den Chiemsee, in einem unter strengem Naturschutz stehenden Gebiet. Die Route führt aber nach Süden, dabei hat man vom Talort Grassau aus immer den gewaltigen Einschnitt vor Augen, den das Achental in die Kette der Chiemgauer Alpen einkerbt. Im Osten ragt der mächtige Hochgern auf, gegenüber bilden Staffen und Hochplatte den anderen Teil der Eingangspforte ins Tal.

Nächster Ort im sich verengenden Achental ist Marquartstein mit seiner Burg. Hier hat die Ache in einer eindrucksvollen Flussschleife viele Baumstämme als Schwemmholz mittransportiert. Über Raiten mit seiner Wallfahrtskirche radelt man leicht bergauf nach Mettenham und Schleching, Letzteres ist frisch als »Bergsteigerdorf« ausgezeichnet. Vorher kommt man noch am Camping Zeller See vorbei, wo viele Kletterer in den Routen der Zellerwand mit Griffen und Tritten kämpfen, bevor sie im Biergarten mit der nepalesischen Stupa oder im kleinen Badesee landen.

In Ettenhausen heißt es »wenden!«, denn ab hier gibt es nur noch Wanderwege. Grandios und archaisch ist die Ache zwischen Schleching und Unterwössen. Auf ein paar Flusskilometern gewinnt man einen kleinen Eindruck

Fast bis nach Tirol radelt man auf dem Achentalradweg durch die Chiemgauer Berge – das Wasser immer nah am Lenker. Der Wössner See ist eine geeignete »Einihupf«-Station.

von der urwüchsigen Macht des Alpenflusses. Der Strom rollt Kiesel vorwärts, er bildet hohe Prallhänge, in denen Eisvögel Unterschlupf finden, und schichtet an manchen Stellen Baumstämme zu Skulpturen auf.

In Unterwössen geht es noch einmal mit einem kleinen Schlenker nach Süden, denn trotz der gemächlichen Steigung ist ein Einkehrschwung verdient. Der Wössner See bietet kaltes Bergwasser und eine Seewirtschaft. Zurück fährt man bergab die Ache entlang bis Staudach, dann über Bergen und Grabenstätt durch das mächtige Achendelta zum Chiemseeufer und zum Ausgangspunkt Übersee. Wer noch Lust hat auf einen gechillten Sonnenuntergang, gönnt sich den berühmten Sundowner am Badeufer in Feldwies zu Reggaerhythmen und Steckerlfisch.

Tipps zu Abkürzungen: Den Westerbuchberg auslassen und über Grassau ins Achental radeln. Vom Wössner See entlang der Ache direkt nach Übersee.

FAZIT: SPORTLICHE SPRITZTOUR IN DIE BERGE MIT ABWECHSLUNGSREICHER NATUR, BADEGELEGENHEIT UND SCHÖNEN EINKEHRSTATIONEN.

Hin & weg: Mit dem Auto oder der Bahn (Fahrradmitnahme) nach Übersee.

Dauer & Strecke: 4–5 Std., 73 km, 420 hm.

Beste Zeit: Mai–September in der Badesaison.

Ausrüstung: Tourenrad oder Mountainbike, Schwimmsachen.

ÜBER DEN BLUMENBERG

... Wanderung von Sachrang nach Schleching

#33

Sachrang und Schleching sind zwei von nur wenigen prämierten Bergsteigerdörfern im deutschen Alpenraum. Mit einer Tour über den Geigelstein, den »Blumenberg« des Chiemgaus, wandert man vom Priental ins Achental und verbindet die beiden Orte.

#Bergsteigerdörfer #Pflanzenpracht #Gipfelglück #OberkaserMare

»Bergsteigerdörfer sind vorbildhafte regionale Entwicklungskerne im nachhaltigen Alpintourismus mit einer entsprechenden Tradition.« So lautet die »amtliche« Philosophie für die Bergsteigerdorfer, die der Prämierung seitens der Alpenvereine zugrunde liegt. Die Dörfer stehen für ein touristisches Konzept, das sich an Bergsteigern orientiert, bieten eine exzellente Landschafts- und Umweltqualität und engagieren sich für die Bewahrung der örtlichen Kultur- und Naturwerte. Als »alpine Kompetenzzentren« setzen Bergsteigerdörfer auf Eigenverantwortung und Selbstständigkeit ihrer Gäste sowie umweltbewusstes und verantwortungsvolles Verhalten. Das klingt zunächst einmal recht nüchtern, doch beim Anblick vom Ausgangsort Sachrang geht einem das Herz auf.

Eingebettet in die Landschaft des Prientals und überragt vom Spitzstein, punktet der Ort mit seinem traditionellen Erscheinungsbild. Und die Wandertouren ringsum gehören zu den schönsten der Region. Allen voran der Geigelstein: Viele seltene Pflanzen gedeihen hier wie Weiße Silberwurz, Trollblume und Pestrausch.

Der Geigelstein ist einer der Chiemgauer Paradeberge: Vom Gipfel mit der kleinen Kapelle überwältigt einen die klare Sicht an schönen Spätsommer- oder Herbsttagen.

Hinauf kommt man auf verschiedenen Varianten, Start unserer Tour ist von der Bushaltestelle Geigelsteinaufstieg. Dieser Weg über die Schreckalm ist der schönere, es sei denn, man ist als Gruppe unterwegs und geht gern zum Ratschen nebeneinander auf der Forstpiste, die vom großen Wanderparkplatz aus bergan verläuft.

Bewirtschaftete Flächen mit Viehhaltung gehören ebenso zum Bergerlebnis in den Chiemgauern wie hier die verdiente Gulaschsuppe auf der Priener Hütte.

Spätestens das Offengelände rund um die Priener Hütte bietet nach längeren bewaldeten Passagen Aus- und Übersicht. Wer in der Priener Hütte (www.prienerhuette.de) einkehrt, sieht drinnen am Stammtisch Fotos von der Oberkaser Mare. Sie war Sennerin auf der oberhalb gelegenen Alm, ihr Leben ist im Bestseller »Harte Tage, gute Jahre« von Christiane Tramitz nachgezeichnet.

Eine Stunde geht man durch Almgelände und Latschen und erreicht dann den Geigelsteingipfel. Ein Traumblick eröffnet sich in alle Richtungen bis zu Großvenediger und Großglockner! Im Gegensatz zum populären Aussichtsgipfel ist in Richtung Rossalm wesentlich weniger los, die Route ist eher ein Geheimtipp. Hier zweigt der Abstieg auf einem schmalen Bergpfad Richtung Schleching ab bis zur Haidenholzalm.

Dann heißt es entweder auf dem Forstweg nach unten »hatschen«, oder man entscheidet sich für den spannenderen, aber Konzentration fordernden Knogler-Lahner-Steig. Dieser führt in 30 schmalen, steilen Serpentinen zum Schlechinger Ortsteil Ettenhausen. Von dort geht's zum Ortskern des Bergsteigerdorfs im Achental. Ähnlich wie in Sachrang legt man Wert auf Nachhaltigkeit, bester Beweis hierfür ist das Ökomodell Achental, das für die regionale und naturnahe Produktion von Lebensmitteln steht.

Tipp: Um den Abstieg etwas zu verkürzen, empfehlen sich die Varianten über die Wuhrsteinalm und/oder mit dem Geigelsteinlift.

FAZIT: DIE TOUR BESCHERT TOLLE LANDSCHAFTSEINDRÜCKE UND BLICKE, FORDERT ABER KONDITIONELL DURCH DEN LANGEN ABSTIEG.

Hin & weg: Mit dem RVO-Bus 9502 von Bernau (Bahnanbindung) Richtung Sachrang, Haltestelle Geigelsteinaufstieg, zurück mit RVO-Bus 9509 ab Schleching bis Bahnhof Übersee.

Dauer & Strecke: 6–7 Std., 20 km, 1190 hm Aufstieg, 1350 hm Abstieg. Als Genießertour auch mit Übernachtung auf der Priener Hütte möglich, dann bietet sich am zweiten Tag ein Abstecher zum Weitlahnerkopf an.

Beste Zeit: Frühjahr–Herbst.

Ausrüstung: Wanderausrüstung, mittelschwere Bergschuhe.

AB DURCH DIE MITTE

… Biketour durchs Priental

#34

Das Tal der Prien ist eine der landschaftlich reizvollsten Nord-Süd-Verbindungen in den Chiemgauer Alpen. Zwischen Hochries und Kampenwand radelt man vom Chiemsee bis zum Bergsteigerdorf Sachrang und wieder zurück – einen großen Teil auf Radwegen.

#Wildfluss #schöneKontraste #Bergsteigerdorf #Universalgenie

Bergerlebnis, Bauernhöfe und zum Abschluss der Chiemsee-»Einihupf«, so stellt sich die Radtour durch das Priental vor, die auf rund 60 Kilometer kommt. Ein wenig Kondition braucht man schon, zumindest für den Hinweg, denn auf der Strecke überwindet man immerhin 280 Höhenmeter. Die kontrastreiche Route verbindet das beschauliche Prien am Chiemsee und seine Badeufer mit einem Kernstück der Chiemgauer Alpen, wo Bergwanderer und Mountainbiker unterwegs sind.

In der Schafwaschener Bucht und an der Mündung der Prien in den Chiemsee geht es los: Hier liegen große Gesteinsbrocken in einer Reihe – eine geologische Einstimmung zur Tour. Vom Ortsteil Trautersdorf aus führt die Route oberhalb des Flusses und seiner Steilufer durch die grünen Chiemgauer Hügel. Bis zur Autobahn mäandert die Prien noch ursprünglich und ist Lebensraum für Bachstelzen und Eisvögel. Das etwas versteckte Schloss Wildenwart gehört den Wittelsbachern, in seine Gemäuer zogen sie sich während der Revolution 1918/19 zurück.

Aschau ist die Metropole des oberen Prientals und Ausgangspunkt vieler Wanderwege: Ein Moorschwimmbad gibt es hier, und mit Infotafeln zur Ökologie durchzieht der Fluss das kleine Städtchen. Mächtig thront die Burg Hohenaschau auf einem Hügel und ein paar Meter weiter kann man mit der Seilbahn zur Kampenwand hinaufgondeln. Die Radroute umkurvt den Burgberg abseits der Hauptstraße, unten in der Prien haben sich reizvolle Gumpen gebildet. Links und rechts flankieren beliebte Chiemgauer Wanderberge den Weg: Kampenwand, Sonnwendwand und Geigelstein im Westen, gegenüber Hochries, Laubenstein und Zinnenberg. Durch das Tal zieht sich auch der Grenzenlos-Wanderweg, der Tirol und Bayern verbindet.

Kurz vor der Tiroler Grenze liegt Sachrang, das gemeinsam mit Schleching als »Bergsteigerdorf« ausgezeichnet wurde wegen seiner bewusst nachhaltigen Dorfentwicklung und des naturnahen Tourismus. Hier lebte der Müllner-Peter (1766–1843), eine Art Universalgenie. Als Müller, Kräuterkundler, Arzt und

---

Hin & weg: Parken in der Schafwaschener Bucht Nähe Prienmündung. Oder mit dem Meridian (Fahrradmitnahme) nach Prien.

Dauer & Strecke: 4–5 Std. bei gemütlichem Tempo, 65 km, 420 hm.

Beste Zeit: Mai–Oktober.

Ausrüstung: Touren- oder Trekkingrad mit guter Gangschaltung oder Mountainbike.

Sachrang im Priental ist als »Bergsteigerdorf« ausgezeichnet für sein nachhaltiges Ortsleitbild. Das Müllner-Peter-Museum und die Dorfkirche sind beliebte Anziehungspunkte.

Komponist drückte er dem Dorfleben seinen Stempel auf, ein Museum mit Heilkräutergarten dokumentiert sein Leben und Werk (www.muellner-peter-museum.de). Eines seiner Projekte war die Ölbergkapelle nahe der Tiroler Grenze, er renovierte sie mit großem Engagement. Nach genauem Umsehen geht's auf gleichem Weg zurück Richtung Prien.

Tipp: Mit einer guten Fahrradkarte kann man ab Aschau auf Varianten über Urschalling oder Bernau ausweichen.

FAZIT: SPORTLICHE HALBTAGESTOUR MIT HOHEM LANDSCHAFTSFAKTOR – AUCH GESCHICHTLICH INTERESSANTE STATIONEN LIEGEN AN DER STRECKE.

RUND UMS BAYERISCHE MEER

… mit dem Radl um den Chiemsee

#35

Mit seinen rund 60 Kilometern und recht gemütlichem Streckenverlauf ist die Chiemseeumrundung per Rad ein Klassiker in der Region. Badestopps und Steckerlfisch sind weitere Ingredienzen dieses Touren-Highlights.

#Steckerlfisch #Badebuchten #Bergblicke #Segelboote #Sundowner

Beim Radeln gibt's mehrfach Gelegenheit, mit der Fähre zu den Chiemseeinseln überzusetzen. Hier das Ufer von Gstadt mit Blick zur Fraueninsel.

Einmal im Jahr um den Chiemsee – für viele einheimische Radler ein Ritual und auch für Besucher ein faszinierendes Vergnügen. Mit dem Rad bekommt man tolle Eindrücke und genießt an einem kompletten Tag viele verschiedene Perspektiven vom See und der Landschaft drumherum. Zusätzlich hat man das Erfolgserlebnis, die Umrundung geschafft zu haben – ein gutes Gefühl auch für Nicht-Konditionsbolzen.

Wie meistens ist an sonnigen Sommerwochenenden besonders viel los, zum Glück sind inzwischen auf etlichen Passagen Spaziergänger und Radler auf separaten Wegen unterwegs. Der Verlauf der Tour mit Aussichten auf Kampenwand und Hochgern ist ein Traum: Die Sportlicheren überqueren gleich zu Beginn den Westerbuchberg und radeln mit Bergblick durch das Naturschutzgebiet der Kendlmühlfilzen. Die »Flachlandtiroler« bleiben am See, müssen für die Nähe zum Wasser aber die benachbarte Autobahn in Kauf nehmen.

Die ersten Badestopps locken in Bernau, wo man im Badehaus (www.sallers-badehaus.de) auch gut frühstücken könnte, oder in der Schafwaschener Bucht bei Rimsting. Bei Breitbrunn geht es kurz und hügelig durch ein Waldstück und von Gstadt aus öffnet sich ein charmanter Blick auf die Fraueninsel mit ihrem charakteristischen Klosterkirchturm. Das Ambiente mit Segelbooten, Inselfischern und der Chiemseeflotte ist immer wieder sensationell und einen längeren Zwischenstopp wert, freilich kann man von hier auch der Fraueninsel einen kurzen Besuch abstatten – lohnt sich!

Zum Glück fahren auf dem Chiemsee Motorboote nur ausnahmsweise, das Gesamtambiente ist angenehm geräuschlos. Rechts: Ufer bei Chieming mit schöner, langer Promenade.

Weitere Badegelegenheiten folgen, in Seebruck überquert man die Alz als nördlichen Ausfluss des Chiemsees und ist jetzt am Weitsee auch am weitesten von den Bergen entfernt. Größere Teile des Ostufers rund um Chieming sind eine attraktive Freizeitmeile mit Biergärten und Kaffeestopps. Wer Vögel beobachten möchte und vielleicht gar ein Fernglas dabeihat, kann auf die Beobachtungstürme bei Grabenstätt, in der Hirschauer Bucht oder bei Lachsgang steigen. Wie wäre es zum Abschluss der Runde mit Steckerlfisch in der Hirschauer Bucht und anschließend mit einem Sundowner am Beach von Feldwies?

Hin & weg: Bahnhof Übersee an der Strecke München–Salzburg (Fahrradmitnahme im Zug).

Dauer & Strecke: Reine Radlzeit 3–4 Std., 60 km. Bis auf den Westerbuchberg (Variante) keine nennenswerten Höhenunterschiede.

Beste Zeit: Frühjahr–Herbst, am schönsten in der Badesaison.

Ausrüstung: Typische Radlausrüstung, Badesachen mitnehmen!

FAZIT: TRAUMRADLTOUR MIT ALLEM DRUM UND DRAN.

INN-SPIRATION

… über die Berge von Brannenburg

#36

Sonne tanken an warmen Berghängen und dabei interessante Details der Regionalgeschichte kennenlernen: In und oberhalb von Brannenburg lassen sich eine Hüttentour und ein Kulturtrip gut verbinden, noch dazu mit umweltfreundlicher Bahnanreise.

#Künstlerkolonie #Bergwald #Boulderparadies #gemütlicheEinkehrstation

Brannenburg ist der erste Ort im Inntal, von dem aus man zu Bergtouren aufbrechen kann. Maler wie Carl Rottmann, Carl Spitzweg und Wilhelm Busch begründeten den Ruf einer Künstlerkolonie Brannenburg und suchten Stille und »Inn-Spiration«. Mehrere Wegvarianten gibt es hinauf zum Wendelstein, einem der Paradegipfel der Bayerischen Hausberge mit Rundumsicht. Wer nicht so gut zu Fuß ist für den langen Aufstieg, kann die Wendelsteinzahnradbahn nutzen, eine ingenieurtechnische Meisterleistung.

Auch für eine Halbtagestour bieten die Berge oberhalb von Brannenburg viele Optionen. Nur zehn Minuten vom Bahnhof entfernt, setzt schon der Wanderweg am Kirchbach an, auf dem man in angenehmer Steigung und mit einigen unterhaltsamen Info- und Mitmachstationen bergan kommt. Komponieren auf einem Baumxylophon, balancieren auf Stämmen, ein Insektenhotel und Tierweitsprung sind nicht nur für Kinder spannend und können den Ausflug durchaus um einige Zeit verlängern. Am Ortsrand wird es steiler, auf

Der Brunnen an der Hauptstraße von Brannenburg markiert den Einstieg in variantenreiche Wandermöglichkeiten in der Wendelsteinregion. Rechts die Wallfahrtskirche auf der »Biber«.

einem Schotterweg geht es ein langes Stück sportlich aufwärts – ideal zum Aufsaugen der Sonne, denn im Inntal ist es an manchen Tagen morgens noch dunstig. Der Baumbestand ist ein echter Hingucker: Mächtiger Bergahorn wächst hier, ein eindrucksvoller Anblick im Spätsommer und im Herbst angesichts der Farbenpracht.

Auf dem Nagelfluhberg lebten früher Einsiedler in Höhlenwohnungen. Darunter: Der Herbst ist eigentlich die schönste Jahreszeit in der Gegend.

Nach dem Bergwald kommt eine gemütliche Einkehrstation in Sicht, die Breitenberg Hütte der Naturfreunde (www.breitenberghuette.de). Wenn an den Wochenenden die Tische nicht ausreichen, lässt es sich auch im Gras aushalten. Auf dem Rückweg zweigt man rechts ab nach St. Margarethen. Vorher passiert man den historischen Dornerhof, einen traditionellen Bergbauernhof – das Anwesen stammt noch aus dem 14. Jahrhundert. Die alte Bergkirche St. Margarethen wurde schon 1445 erwähnt, ist aber vermutlich sogar älter. Es lohnt ein Blick in den Friedhof mit seinen gepflegten Gräbern und einigen Zeugnissen der Marienverehrung.

Nach kurzem Abstieg ist der Talbahnhof der Zahnradbahn erreicht und kurz darauf die »Biber«, ein kurioser Hügel mitten in der Gemeinde. Die Anhöhe besteht aus seltenem Nagelfluhgestein und wird gekrönt von der Wallfahrtskirche St. Magdalena, die aus einer alten Einsiedelei hervorgegangen ist. Infotafeln berichten über die Mühlsteinbrüche an der Biber, sie sind seit dem 10. Jahrhundert nachgewiesen und die ältesten in Bayern. Doch an der Biber gibt es nicht nur Historie, sondern auch Trainingsmöglichkeiten: Kletterer sind hier aktiv, an einigen Ecken sind Mädels und Jungs beim Bouldern unterwegs und lassen sich auf ihre mitgebrachten Matten fallen.

Tipp: Ob Hobbyhistoriker oder Kletterfreak – allen zusammen taugt einmal im Jahr das Biberfest, dann gehört das Wäldchen den Kindertrachtengruppen, Plattlern und zufriedenen Gästen.

FAZIT: BRANNENBURG IST MEHR ALS NUR EIN AUSGANGSORT FÜR BERGTOUREN. DIE ORTSGESCHICHTE INSPIRIERT ZU VIELERLEI ENTDECKUNGEN.

Hin & weg: Mit dem Auto über die Inntalautobahn nach Brannenburg. Oder mit der Bahn (Meridian) auf der Strecke München–Rosenheim–Kufstein.

Dauer & Strecke: Ca. 4 Std., 11 km, 540 hm.

Beste Zeit: Frühjahr–Herbst.

Beste Zeit: Ganzjährig, aber besonders schön im Spätsommer und Herbst wegen der Farbenpracht des Bergahorns.

Ausrüstung: Typische Wanderausrüstung, mittelschwere Bergschuhe.

DIE GEISTER GRÜßEN

… auf dem Rauschberg

#37

Der Ruhpoldinger Rauschberg ist nicht nur ein Paradewanderberg und Aussichtspunkt. Im Winter genießt man Glühwein auf dem höchstgelegenen Weihnachtsmarkt Bayerns. Das ganze Jahr über lädt die »Kunst am Berg« zur ästhetischen Auseinandersetzung ein. Und dann warten da noch die seltsamen Holzgeister …

#Aussichtstraum #Landschaftskunst #AdamsHand #KraxenbachLoder

Entlang der Traun führt ein gemütlicher Wander- und Radweg bis zur Talstation der Rauschbergbahn.

Abseits des Autoverkehrs ist ein Spaziergang an der Traun ein wahrer Genuss. Immer an dem Flüsschen entlang erreicht man vom Bahnhof Ruhpolding aus die Talstation der Rauschbergbahn nach einer entspannenden Wanderstunde.

Die älteren Kabinen rumpeln noch leicht rustikal bergauf, doch Investitionen stehen an – die Betreiber planen einen Ausbau der Kapazitäten. Nach luftiger Fahrt, etwas Geschaukel an den Stützpfeilern und launigen Erklärungen zur Landschaft vom Seilbahnführer ist man auf 1635 Höhenmetern angekommen.

Der Name Rauschberg stammt übrigens aus dem Bergbau. In der Umgebung von Ruhpolding trifft man immer wieder auf Zeugnisse des ehemaligen Erzbergbaus. Die schweren Bestandteile, die beim Waschen des Gesteins als erste absinken, werden Rauschen genannt. Am Inzeller Kienberg, einem Teil des Rauschbergmassivs, wurden bis Mitte des 19. Jahrhunderts Blei und Zink abgebaut.

Der gutmütige Holzgeist Kölli begrüßt die Wanderer zu Beginn ihrer Rauschbergtour: »Die guten Geister sind mit uns!« Glück gehabt, gerade in den Bergen kann das sehr nützlich sein!

Wie auf anderen Chiemgaubergen auch gibt es ein Gipfelrestaurant mit Kaiserschmarren, ein Gipfelkreuz und den einen oder anderen Gleitschirmflieger, der sich in die Tiefe schwingt – alles ganz normal. Oder doch nicht? Denn der Rauschberg bietet Besonderheiten, die einen schon in der Bergstation begrüßen – er ist ein Kunstrevier. Walter Angerer der Jüngere, Komponist und Kulturpreisträger des Bezirks Oberbayern, hat die »Kunstmeile« am Berg ge-

Hin & weg: Mit dem Auto von Ruhpolding Richtung Reit im Winkl zur Rauschbergbahn-Talstation. Oder mit der Bahn von Traunstein nach Ruhpolding, dann weiter mit dem Bus zur Bergbahnstation oder zu Fuß die Traun entlang (1 Std. vom Bahnhof aus).

Dauer & Strecke: 5 Std. inkl. Traunspaziergang, 15 km, 970 hm Abstieg.

Beste Zeit: Frühjahr–Herbst.

Ausrüstung: Typische Wanderausrüstung mit mittelschweren Wanderschuhen.

prägt (www.rauschbergbahn.com). Porträts von Papst Benedikt und den »Huaber Buam« gibt es zu sehen, doch besonders eindrucksvoll ist das Fraßbild »Adams Hand«, eine sieben Meter hohe Stahlskulptur – sie weist den Weg nach Süden.

Ein Stück weiter Richtung Kienbergsattel begrüßt einen der »Kölli«, der gute Geist des Rauschberggipfels. Er will die Geheimnisse der Holzgeister lüften und bittet die Wanderer auf den Holzgeisterweg. Thematisch geht es um den Schutz der Bergwälder. Totholz, das voller Leben steckt, die Schutzwälder des Gebirges und deren Gefährdung. Mehrere Lernstationen informieren über Lawinenverbauungen, über Forstwirtschaft und Wasserhaushalt. Holzbildhauerschüler aus Berchtesgaden haben die Geister entlang des Weges kunstvoll geschnitzt und Sagen aus der Region verbildlicht. Ein Baumstamm ist sogar begehbar, ein kleines Steinhaus lädt zum Kurzbesuch ein. Der Kraxenbach Loder, eine Sagengestalt, trägt den Kopf unterm Arm – gruselig!

Der Hinunterweg zurück zur Rauschbergbahn-Talstation und zur Traun führt über den Kienbergsattel, und ein Blick zurück gilt nochmals der Skulptur »Adams Hand«, die sich eindrucksvoll aus der Latschenvegetation heraus erhebt.

FAZIT: EINE BERGWANDERUNG DER BESONDEREN ART MIT EINIGEN GEISTERHAFTEN GESTALTEN UND KUNSTBEGEGNUNGEN.

BIKEN IN KLEIN-KANADA

… von Ruhpolding durchs Röthelmoos

#38

Der Chiemgau ist nicht nur ein Wander-, sondern auch ein Biker- und Schwimmparadies. Zwischen Ruhpolding und Reit im Winkl erstreckt sich ein auch für Einsteiger geeignetes und landschaftlich bezauberndes Revier.

#BikenundBaden #Gurnwandblick #Weißbier #Seenplatte

An Gewässern wie der Traun oder am Förchensee entlang schraubt sich die Biketour immer weiter nach oben, bis an einem Abzweig der Bürgl erreicht ist.

»Klein-Kanada«, so lautet eine treffende Bezeichnung für die Seenplatte zwischen Ruhpolding und Reit im Winkl. In einem lang gestreckten Tal breiten sich Löden-, Mitter- und Weitsee aus und verströmen vor allem im Spätsommer eine Vorstellung vom Indian Summer des amerikanischen Nordwestens. Die leuchtenden Farben der Mischwälder, markante Gipfel wie die Hörndlwand und naturnahe, nicht überlaufene Badeufer garnieren die Genusstour.

Dank moderater Steigungen und meist feinschottrigem Untergrund könnte man die Runde auch mit einem guten Trekkingrad fahren, griffige Bremsen vorausgesetzt. Von Ruhpolding aus folgt man einfach der Radbeschilderung nach Reit im Winkl, entlang der Seetraun passiert man das Biathlonstadion. Übrigens schnaufte auf dieser Strecke mal eine Schmalspurbahn zwischen den beiden Fremdenverkehrsorten. Ein Vorbote der Seenplatte ist der kleine Förchensee, der auch im Winter nie zufriert.

Die Route verläuft südlich und mit etwas Auf und Ab entlang der Seen, von denen Lödensee und Mittersee ineinander übergehen. Ein steiler Rechtsabzweig bringt die Biker zum Bürgl, einem Aussichtspunkt mit tollem Blick über das gesamte Ambiente. Man könnte weiter nach Reit im Winkl fahren, aber diese Tour umrundet die Ausläufer des Weitsees, dessen Wasserqualität vom Nordwestufer freilich schwimmenderweise getestet werden muss – hier warten kleine Badestrände hinter dem Ufergehölz.

Gestärkt vom mitgebrachten Picknick, nimmt man im rechten Winkel zur Talstraße den Wander- und Radweg Richtung Röthelmoos in Angriff. Entlang des heimatfilmtauglichen Wappachs und zwischen Tempel- und Kienberg hinauf erreicht man das weite Hochtal des

---

Hin & weg: Bahnhof Ruhpolding (Fahrradmitnahme in der Regionalbahn Traunstein–Ruhpolding).

Dauer & Strecke: Reine Fahrzeit 4 Std., 35 km, 500 hm.

Beste Zeit: Frühjahr–Herbst, besonders zur Schwimmsaison.

Ausrüstung: Mountainbike oder robustes Trekkingrad mit guter Gangschaltung und guten Bremsen, Schwimmsachen.

Das Landschaftsbild zwischen Ruhpolding und Reit im Winkl ist vor allem im Spätsommer ein Farbenrausch: Löden-, Mitter- und Weitsee leuchten dann im bayerischen »Indian Summer«.

Röthelmoos, das im Kontrast steht zur mächtigen Gurnwand. Einkehrschwung? Warum eigentlich nicht, Langenbauer und Dandl Alm (www.langerbauer-alm.de; www.dandl-hof.de) bieten herzhafte, almtypische Brotzeiten und Getränke. Aber nicht übertreiben mit dem Weißbier, denn die folgende längere Downhill-Passage hat es in sich - konzentrieren und auf Wanderer achten!

An der Urschlauer Ache und durch Brand mit seinem Märchenwald rollt man nach Ruhpolding zurück, wo man die wegtrainierten Kalorien gleich wieder problemlos bei der Windbeutelgräfin (www.windbeutelgraefin.de) auffüllen kann.

FAZIT: BIKEN, SCHWIMMEN, EINKEHRSCHWUNG – EIN WILDROMANTISCHER GENUSSTRIATHLON IN SCHÖNER LANDSCHAFT UND MIT WENIG PKW-BEGEGNUNGEN.

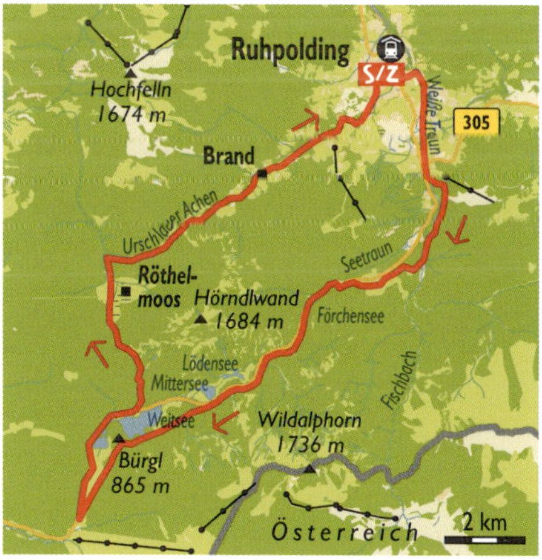

ALPEN-WESTERN

… in der Entenlochklamm

#39

Im südlichen Chiemgau an der Grenze zu Tirol bewegten sich Schmuggler auf abenteuerlichen Pfaden. Heute führt ein gut begehbarer Steig durch die wilde Schlucht, einen bayerischen Canyon.

#WilderWeg #Abenteuerbrücke #Rafting #Marienwunder #Aussichtskapelle

Im »Chiemgauer Grand Canyon« folgt man dem Schmugglerpfad oder erkundet die Schlucht per Schlauchboot.

Hoch erheben sich mächtige Wände links und rechts des schmalen Weges, an den steilen Hängen ringsum wächst ein dichter Bergwald. Dampfende Schwaden steigen empor, die Sonne bricht nach und nach durch das Geäst und heizt die Pflanzendecke in dem Taleinschnitt auf. Das dramatische Ambiente könnte für einen Alpenwestern nicht besser sein. In der Tat befindet man sich in abenteuerlicher Umgebung, denn hier war früher das Reich der Schmuggler. Geschmuggelt wurde alles Mögliche, sogar Holzkohle, wie eine Infotafel aufklärt.

Eine kleine Attraktion auf dem in Ettenhausen beginnenden Weg ist das Schild an der Grenze zu Österreich schon: »Von 6 bis 21 Uhr ist der Übertritt an dieser Stelle erlaubt«. Ausweis dabei, also den richtigen, nicht nur den Alpenvereinsausweis? Der Weg wird wurzeliger und enger, schlängelt sich bergab und erreicht schließlich das Wildwasser der Entenlochklamm. Hier ist großer Auftrieb angesagt – oder besser gesagt Raftingbootabtrieb: Mit Veranstaltern aus Kössen paddeln Gruppen in Schlauchbooten die Tiroler Ache hinunter nach Marquartstein.

Von der Streichenkirche öffnet sich der Blick aufs Achental, vorher wurde die archaische Wallfahrtskirche mit dem »klobigen Stein« (rechts) auf dem Schmugglerpfad erkundet.

Über eine solide Brücke erreichen die Schmugglerweg-Wanderer die Gebäude am anderen Ufer. An dieser Engstelle findet sich auch der traditionelle Anziehungspunkt, die Wallfahrtskirche Klobenstein. Der Sage nach befand sich eine alte Frau auf dem Weg von Kössen nach Marquartstein, als genau an dieser Stelle ein Felsblock auf sie stürzte. Doch die Jungfrau Maria half. Sie spaltete den Fels und die Frau blieb unversehrt. Wer sich heute durch den Felsspalt zwängen kann, erntet selbst Glück! Die archaischen Gemälde in der Kirche sind Zeugnisse einer alten, tief verwurzelten Marienfrömmigkeit in der Region - unbedingt anschauen!

Mit einem kleinen Bergaufschwung über offenes Almengelände und durch ein schönes Waldstück wandert man zur Streichenkirche. Sie liegt bezaubernd überm Tal und ist von dort aus auch von Weitem zu sehen - ein magischer Ort. Das Gotteshaus ist schon rund 800 Jahre alt und genießt kunsthistorisch einen besonderen Ruf: »Die Kirche ist ein von der Lage und Raumstimmung her beeindruckendes und von der Fülle und Quali-

---

Hin & weg: Wanderparkplatz bei Ettenhausen am Geigelsteinlift/Geigelsteinstr. Oder mit dem RVO-Bus 9509 von Übersee nach Ettenhausen.

Dauer & Strecke: 4 Std., 10 km, 350 hm.

Beste Zeit: Frühjahr-Herbst.

Ausrüstung: Typische Wanderausrüstung, mittelschwere Wanderschuhe. Personalausweis wegen Grenzübertritt.

tät der Ausstattung her höchst seltenes und wohl erhaltenes spätgotisches Gesamtkunstwerk«, heißt es dazu im »Dehio«, der Bibel der Denkmalschützer. Das Innere beherbergt kostbare Altäre, alte Fresken und kunstvolle Holzschnitzereien.

Unter der Woche kann man hier die Stille genießen, aber an den Wochenenden wird es turbulent, denn knapp unterhalb der Kirche mit ihrem Aussichtspunkt befindet sich ein beliebtes Wirtshaus mit Biergarten. Zurück nach Ettenhausen geht es auf der Forststraße mit ein paar Abkürzungen durch den Wald.

FAZIT: EINE ORIGINELLE TOUR MIT EINBLICKEN IN DIE SCHLUCHT, AUSBLICKEN VOM BERG UND ERKENNTNISSEN AUS GESCHICHTE UND KUNST.

WO DER BÄR STEPPT

… geologische Tour zum Laubenstein

#40

Nicht immer muss man hoch hinaus für weite Blicke ins Alpenvorland. Eine Tour auf den Laubenstein verbindet Gipfelglück und interessante geologische Beobachtungen mit dem Frasdorfer Höhlenmuseum – hier steppt der (Höhlen-)Bär!

#DolinenundPonore #Einkehrschwung #WowEffekte #Höhlenmuseum

Das Offengelände um den Laubensteingipfel (links die Almen) kredenzt weite Blicke über den Chiemsee.

Sehr beliebt nicht nur unter Einheimischen ist das Wanderrevier rund um die Hochries, zu der auch der Riesenberg, der Predigtstuhl und der Laubenstein gehören. Die Touren sind gemütlich und nicht besonders anstrengend, es gibt einige Einkehrhütten und danach springt man noch in Chiemsee, Simssee, Hochstrasser oder Tinninger See – wunderbar!

Los geht's an der »Lederstube«, so heißt der Parkplatz am Waldrand. Ein breiter Weg zieht sich mehr oder weniger schattig den Berg hinauf. Schon das Offengelände rund um die Frasdorfer Hütte (www.frasdorfer-huette.de) gibt dann den Blick frei auf die Kampenwand in ihrer vollen Schönheit – ein erster Wow-Effekt! Viele »Gemütliche« aus der Wander-

Nach einer geologisch interessanten Bergtour mit Blick auf die Kampenwand bietet sich sonntags ein Besuch des Bärenschädels im Frasdorfer Höhlenmuseum an.

karawane bleiben hier schon hängen, doch der Berg bietet weitere Varianten.

Durch den »Eiskeller« führt die Tour steiler bergauf, es wird etwas wurzelig, dann aber lichtet sich der Wald. Geradeaus gelangt man weiter ins Trockenbachtal, rechter Hand oben thronen Riesenberg und Hochries, von wo aus sich Gleitschirmflieger und Downhill-Biker mutig in die Tiefe stürzen. Der Weg zum Laubenstein macht eine Linkskurve und wendet sich wieder nach Norden. Im Wiesengelände passiert man die Laubensteinalmen, die sich hier pittoresk an die Hänge schmiegen.

Viele trichterförmige Absenkungen fallen hier ins Auge: Es sind Dolinen und Ponore, die durch Verwitterung im Kalk entstehen: Unterirdisch löst sich das Gestein und oberirdisch sackt Erdreich nach. Jedenfalls ist es bequem, sich zur Brotzeit auf einen Dolinenrand zu setzen und die Beine baumeln zu lassen! Der Chiemseeblick tut das Übrige, wie auf einem Aussichtsbalkon sitzen ratschende Wandergruppen und in stiller Einkehr versunkene Naturfreaks, die den Laubensteingipfel ruhig und andächtig auskosten möchten. Wer es

---

Hin & weg: Wanderparkplatz Lederstube in Frasdorf. Busverbindung nur an Werktagen akzeptabel, sonst Bike and Hike von Rosenheim aus fast durchgängig auf Radweg.

Dauer & Strecke: 2,5 Std. Aufstieg, 2 Std. Abstieg, 14 km, 700 hm.

Beste Zeit: Frühjahr–Herbst.

Ausrüstung: Typische Wanderausrüstung, leichte bis mittlere Wanderschuhe.

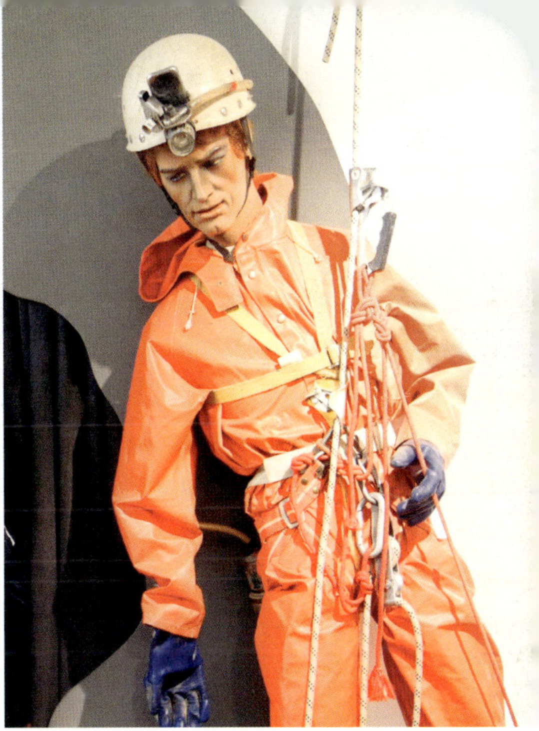

sehr gesellig mag, stürmt auf dem Rückweg noch die Hofalm und plündert die leckeren selbst gebackenen Kuchen, während Kinder Kettcar fahren.

Tipp: Sonntags hat das Höhlenmuseum mitten in Frasdorf (www.frasdorfmuseen.de) geöffnet. Es erklärt im Nachhinein die durchwanderte Landschaft, und die Funde tief aus dem Inneren des Berges lassen die Wanderer schon staunen. Auch eine nachgebaute Höhlenbärengrotte kann erkundet werden!

FAZIT: EINKEHRFREUDIGE HALBTAGESTOUR MIT SPONTANEN ERWEITERUNGSMÖGLICHKEITEN. BESONDERS AN SCHÖNWETTERWOCHENENDEN IST MAN NICHT ALLEIN …

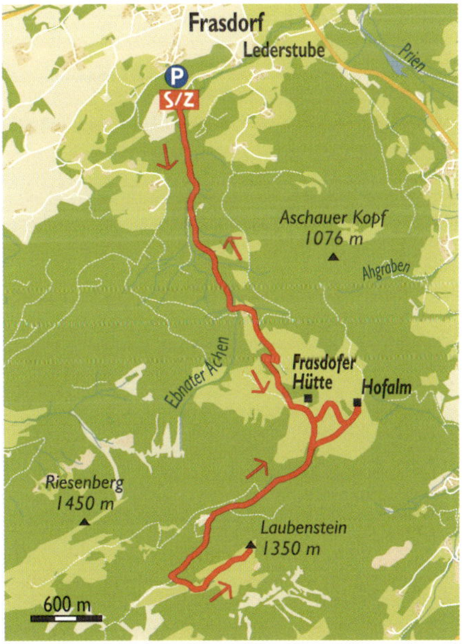

3. KAPITEL MINIURLAUB

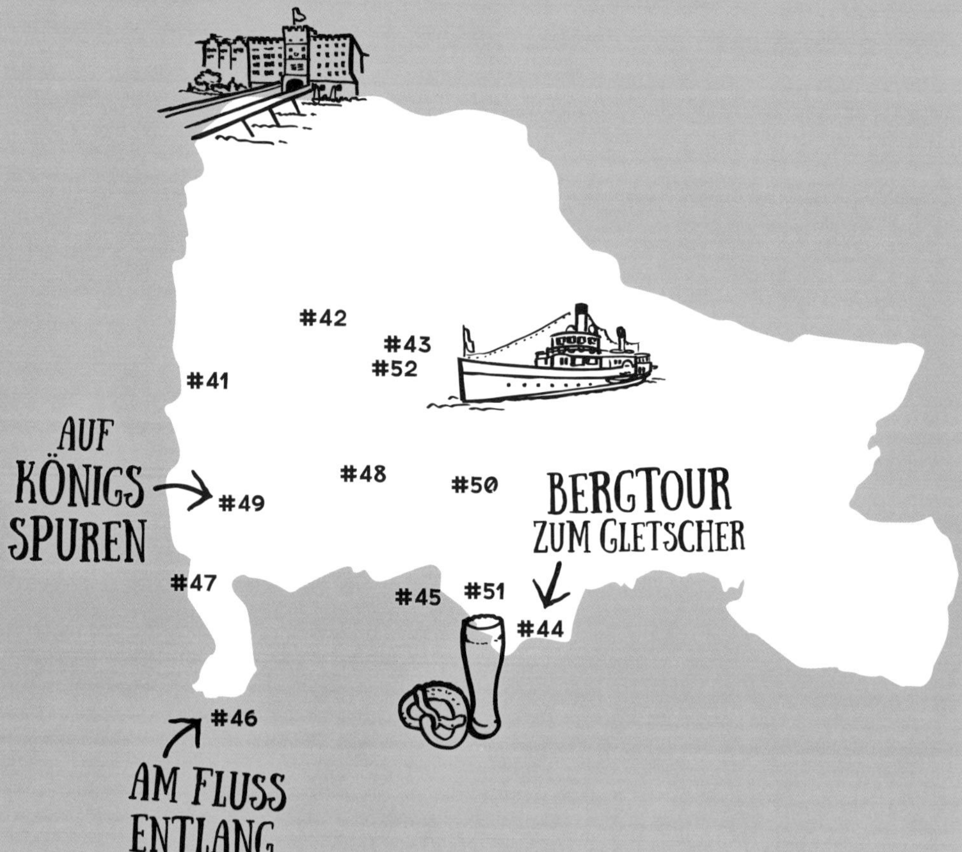

Ferien für ein Wochenende

Auszeiten für zwei oder mehr Tage am Wasser, auf dem Berg oder der Loipe ... im Chiemgau finden sich viele Möglichkeiten, Natur und Kultur in vollen Zügen zu genießen!

36H

WO MOZART LEBTE

… von Rosenheim nach Salzburg

#41

Der Chiemgau ist eine 1-a-Radlregion. Von West nach Ost erkundet man verschiedenste Landschaftstypen und urige Ortschaften und rollt zum Finale nach Salzburg hinein.

#längsderBerge #Moore #Mammuts #Mozartkugeln

Blick auf die Kirche von Aschau mit dem Bachlauf der Prien, im Hintergrund die Burg Hohenaschau.

Hitzesommer! Daher heißt es für die Tour Frühstart und die Radler treffen sich kurz nach Sonnenaufgang beim Bäcker in Stephanskirchen zum koffeinhaltigen Frühstück. Der Cappo peppt, die ersten Sonnenstrahlen bringen die Berghänge zum Leuchten.

Schnell ist der Bodensee-Königssee-Radweg erreicht, einer der beliebtesten deutschen Fernradwege. Auf separatem Radstreifen geht es nach Frasdorf und im Abfahrtsrausch ins von der Kampenwand überragte Aschau. Von der Prienbrücke aus hat man einen Blick durchs Tal bis zum Schloss Hohenaschau, dem ehemaligen Sitz der Industriellendynastie Cramer-Klett.

Nächste Station ist Bernau am Chiemsee. Hier weicht die Route ab vom »Bo-Kö« und durchquert entlang der Bahn die Kendlmühlfilzen. Am stillgelegten Torfbahnhof verschwinden die Gleise in der eigenartigen, unwirklichen Moorlandschaft und verbreiten einen Stimmungsmix aus »Spiel mir das Lied vom Tod« und Ostfriesland, allerdings mit Bergen hintendran.

Langsam wird es sehr heiß, aber dafür gibt es ja vielfältige Abkühlungsmöglichkeiten im Chiemgau, und die größte davon ist ganz in der Nähe – der Chiemsee! »Nur« noch über den Westerbuchberg strampeln und runter zum Ufer, wo am Strandbad Übersee Brotzeit und ein Schläfchen warten. Über die

grünen Hügel des Alpenvorlands und mit prächtigen Ausblicken auf Hochgern und Hochfelln durchquert die Route Grabenstätt und Vachendorf mit einem der schönstgelegenen Fußballplätze überhaupt – sensationell.

Die nächste Station Siegsdorf mit seinem Mammut-Museum und den Quellen eignet sich gut zum Übernachten. Von hier aus folgt die Tour nach Osten sehr lauschig der Roten Traun, dann im Kontrast dazu ein Stück weit

Da ist Musik drin: Auch der lebensfrohe Mozart wäre selbst bestimmt gern nach Salzburg geradelt auf der attraktiven Route über grüne Chiemgauer Hügel, durch die Kendlmühlfilzen (Mitte) und mit Badestopps.

der Autobahn. Der Landschaftseindruck entschädigt zum Glück: Wie auf einem Balkon liegt einem das Seenland zu Füßen. Das von einer Brauerei dominierte Ortsbild Teisendorfs prägt die Talsenke, und von hier geht es mit weiterhin zunehmender Tagestemperatur durch Bauernland mit traditionell gebliebenen Höfen und kleinen Weilern abseits touristischer Pfade.

Zum Glück liegt das eine oder andere kühlende Wäldchen auf der Radstrecke, die hier als Via Julia und als Mozart-Radweg gekennzeichnet ist. Quer durch Freilassing und entlang der Salzach ist dann auch schnell die Mozartstadt Salzburg erreicht mit ihrem Touristengewurle vor allem zur Festspielzeit und den vielen Sehens- und Essenswürdigkeiten – Endstation!

FAZIT: EINE HÖCHST ABWECHSLUNGSREICHE RADTOUR DURCH DIE CHIEMGAUER VORALPEN, DURCH MOORGEBIETE, WÄLDCHEN UND MIT BADESTOPP.

Hin & weg: Start am Bahnhof Rosenheim, Ziel ist Salzburg (Fahrradmitnahme im Meridian).

Dauer & Strecke: 2 Tage, ca. 8 Std. pro Tag, 100 km.

Beste Zeit: Frühjahr–Herbst.

Ausrüstung: Typische Ausrüstung fürs Tourenradeln. Touren-/Trekkingrad oder Mountainbike mit guter Gangschaltung. Personalausweis für Grenzübertritt.

Wenn es Nacht wird: Nach Lust und Laune entscheiden – ein geeigneter Übernachtungsstopp ist Siegsdorf (www.tourismus-siegsdorf.de).

UNTERWEGS MIT BIKE UND BOOT

... am und auf dem Simssee

#42

Als Paddler braucht man nicht unbedingt ein Auto für einen Kurzurlaub am Wasser. Dass es manchmal auch mit weniger Aufwand und ökofreundlich geht, zeigt ein Trip zum Simssee.

#mobilmitMuskelkraft #SeenFeeling #Campinglust #Biergartenwetter

»Was, du warst am Wochenende beim Paddeln – ohne Auto!?« Solche erstaunten Fragen muss man sich anhören, wenn man braun gebrannt und mit einem fröhlichen Lächeln auf den Lippen von einem höchst erholsamen Wochenende am See zurückkommt. Dabei ist die Lösung ganz einfach: Es gibt Radl und dazupassende Anhänger. Und in den Anhänger hinein passt bestens ein gut transportables Luftkanu. Der Rest, den man zu einem perfekten Campingwochenende am See braucht, hat in den Packtaschen Platz.

Mit der Euphorie des kommenden Mikroabenteuers ist der erste Anstieg aus dem Inntal leicht bewältigt. Der Ausblick auf die Kampenwand ist eine kleine Belohnung für den Aufwand, den ersten Verschnaufer gibt es am Simsseeufer in Baierbach. Bestes Biergarten- und Badewetter hat die Rosenheimer an den See gelockt und am Strand breitet sich das grandiose Panorama der Chiemgauer Berge aus. Man könnte hier schon das Boot zu Wasser lassen, aber das Ziel liegt am anderen Ende des Sees, also weiter.

Diese Alpakas kann man bei Moosen besuchen – entweder zu Fuß vom Camping aus am wilden Ostufer entlang oder mit »Boot und Schuh« von Pietzing aus.

Oberhalb des Simsseeufers ragt der Kirchturm von Hirnsberg über die Baumwipfel, darunter breitet sich die Simsseefilze aus. Jetzt eine rasante Abfahrt, zum Glück greifen die frisch eingestellten Bremsen und die Fahrt geht weiter zum neu errichteten Aussichtsturm an der Mündung des Antwortbachs. Eine Halbinsel hat sich durch ausgeschwemmte Sedimente neu gebildet und vom Turm aus lassen sich Wasservögel gut beobachten.

Der Campingplatz Stein ist jetzt schnell erreicht, die Lage einfach zauberhaft: Keine großen Straßen in der Nähe, dafür gibt es ein Badeufer und einen Kiosk mit gutem Kaffee – was will man mehr. Dankenswerterweise liegt die Zeltwiese in Wassernähe und man schaut nicht auf Wohnmobile, sondern auf See und Berge und bewundert das Balancegefühl von Stand-up-Paddlern.

Gestärkt von Kaffee und Imbiss, heißt es jetzt Boot aufpumpen. Die Nachmittagssonne auf dem Wasser heizt gut ein und gemütlich, aber stetig geht es im Kanu über den See. Zunächst zum wilden, unbebauten Ostufer, dann quer über das Gewässer nach Krottenmühl zum Biergarten – Weißbierpause!

Außer Paddeln kann man vom Camping aus weitere Unternehmungen starten. Einen Kurztrip nach Hirnsberg beispielsweise oder eine Wanderung hinauf nach Bad Endorf durch die Simsseefilze. In Endorf lockt außerdem Marias Kino (www.marias-kino.de) mit seinem preisgekrönten Programm. Aber schließlich ist Hochsommer und am nächsten Tag steht die große Simssee-Bootstour an: zuerst nach Baierbach mit Badeaufenthalt und dann nach

---

Hin & weg: Gestartet wird am Bahnhof Rosenheim (zuvor Fahrradmitnahme im Zug), Ziel ist der Campingplatz Stein am Simssee.

Dauer & Strecke: 2 Tage (Rosenheim–Campingplatz 1,5 Std., 15 km; kurze Bootstour 2 Std., ca. 4 km; lange Bootstour 5–6 Std. ca. 10 km).

Beste Zeit: Im Sommer zu Badetemperaturen.

Ausrüstung: Rad mit Anhänger, Luftboot, Campingausrüstung und Fernglas zur Vogelbeobachtung.

Wenn es Nacht wird: Campingplatz Stein (www.camping-stein.de).

Der Simssee ist eine unaufgebrezelte Ruheoase für gelassene Touren im, am und auf dem Wasser. Viele seltene Pflanzen, Insekten und Vogelarten finden in den Schilfgürteln ihr Refugium.

Ecking auf einen leckeren Seesaibling. Abends liegt der Campingplatz prächtig in der untergehenden Sonne und die Schlaftiefe auf der Zeltwiese am Strand ist kaum zu übertreffen.

FAZIT: NATURNAHER MIKROURLAUB AM WASSER MIT URIG ORIGINELLER UMGEBUNG.

WASSER-WOCHEN-ENDE MIT BERGBLICK

… auf dem Chiemsee

#43

Paddeln mit Bergblick gefällig? Schaufelraddampfer, Segelboote und zelten? Der Chiemsee ist groß genug für eine komplette Wochenendumrundung mit zwei Uferübernachtungen inklusive Schwimmeinlagen und Sterne schauen – viel Spaß dabei!

#Kanuabenteuer #Dampfernostalgie #BergevomWasseraus #Chiemseeinseln

Elegant zieht die Ludwig Fessler vorbei und schickt eine Serie kleinerer und größerer Wellen über die Wasserfläche des Chiemsees. Der Schaufelraddampfer mit seinem charakteristischen Geräusch ist das repräsentativste

Schiff der Chiemseeflotte – und aus der Nähe noch besser anzusehen. »Aus der Nähe« heißt in diesem Fall vom Kanu aus, denn die Bootsperspektive bietet sich an zum Kennenlernen des größten bayerischen Gewässers, eine perfekte Ergänzung zu den Wanderungen und Fahrradtrips in diesem Buch.

Wo man startet, ist beinahe egal. Wer ohne Auto unterwegs ist und eines der im Trend liegenden Luftkanus paddelt, sticht am besten in Prien in See und nutzt den historischen Dampfzug für den Bootstransport zum Chiemseeufer. Schwimmweste anlegen, lospaddeln! Und zwar am besten in Ufernähe entweder auf der Breitbrunner Seite oder die Herreninsel entlang, denn in der Mitte sind in Hochfrequenz die Ausflugsdampfer unterwegs.

Badebuchten und Biergärten am »Festland« laden zu Stopps ein – sogar mit Wellenbad, wenn das Motorboot der Wasserwacht vorbeirauscht. Eine Badestelle mit Premiumambiente gibt es an der Südseite der Fraueninsel. Dieser Platz kredenzt ein Wahnsinnsbergpanorama, vor dem Segelboote kreuzen und sich die Ludwig Fessler in Szene setzt. Vielleicht gönnt man sich auf der Insel eine Chiemseerenke oder einen Steckerlfisch und paddelt dann für die erste Übernachtung nach Lambach zum Campingplatz.

Ganz entspannt geht es weiter nach Seebruck mit seinen großen Schilfgürteln und der Alz, die ebenfalls einen Bootstrip wert ist. Der nördliche Chiemsee ist weit weniger befahren als die Freizeitmeile rund um die Inseln. Hier kann man gemütlich vor sich hinpaddeln, Ruhe und Genuss pur! Hoffentlich war das Frühstück reichhaltig oder man hat eine Brotzeit mit dabei, denn bis zum Nachtquartier auf einem der Campingplätze in Chieming

Immer genügend Wasser unterm Kiel haben: Paddeltage auf dem Chiemsee mit karibischen Sonnenuntergängen führen zu kompletter Tiefenentspannung und einem gechillten Glücksgefühl.

zieht es sich noch etwas. Unterwegs erkundet man kleine natürliche Inselchen und manche lauschige Bucht, die man vom Uferweg aus nicht sieht.

Hin & weg: Mit dem Auto nach Prien-Stock über die Autobahnausfahrten Frasdorf oder Bernau. Oder mit dem Zug nach Prien und von dort mit der historischen Dampfbahn nach Prien-Stock.

Dauer & Strecke: 3 Paddeltage für Gelegenheitspaddler mit Luftkanu, 2 Paddeltage mit Seekajak. Je nach Route 40–50 km.

Beste Zeit: Hochsommer.

Ausrüstung: Boot, Schwimmweste, Paddel, wasserdichte Packsäcke, Campingausrüstung. Praktisch sind leichte Wasserschuhe für die Uferbereiche.

Wenn es Nacht wird: Campingplatz bei Lambach (www.camping-am-chiemsee.de); Campingplätze bei Chieming (www.moewenplatz.de und www.camping-seehaeusl.de). Der Campingplatz bei Feldwies ist ausschließlich für Wohnmobile.

Am nächsten Tag wartet eine längere Passage über den See außerhalb des Achendeltas, in das man aus Naturschutzgründen nicht hineinpaddeln darf. Die Badeufer von Feldwies und der Sundowner-Strand sind die ersten Pausenstationen, die man in aller Ruhe auskosten kann mit einem Weißbier und gemütlicher Brotzeit. An den Badebuchten der »Nackerten« entlang bietet sich auch die Uferzeile von Bernau für einen Zwischenstopp an. Am Priener Yachtclub vorbei, gleitet man schließlich auf der Schlussetappe wieder zu den Priener »Schären« und steigt vom Boot in die Dampfbahn um.

FAZIT: PADDELN, SCHWIMMEN, CHILLEN – AUF DIESER TOUR GIBT ES WASSERSPORT UND CHIEMSEEFEELING PUR.

BERGTOUR ZUM GLETSCHER

… auf das Fellhorn

#44

Das Fellhorn oberhalb von Reit im Winkl bietet einen der faszinierendsten Ausblicke der Chiemgauer Alpen. Bei einer Streckentour mit Übernachtung auf dem Straubinger Haus bleibt man länger auf dem Berg und genießt die Abendstimmung gegenüber dem Wilden Kaiser.

#Premiumwandern #Kaiserblick #Einkehrschwünge #Bergübernachtung

Herrliche Berge, sonnige Höhen: Auf dem Premiumwanderweg »Gletscherblick« durchstreift man abwechslungsreiches Gelände – das Rundumpanorama vom Fellhorn ist atemberaubend!

Die Berge rund um Reit im Winkl offerieren eine Vielzahl von Outdooraktivitäten zu allen Jahreszeiten, der Ort ist ein hervorragender Ausgangspunkt in alle Richtungen für Wanderer, Biker und Skilangläufer. Hausberg von Reit im Winkl ist das Fellhorn, ein exponierter Gipfel mit 360-Grad-Rundblick.

Der Aufstieg vom Parkplatz Seegatterl aus – von hier ginge es auch zur Winklmoosalm – führt zunächst einmal länger auf Forstwegen bergauf. Wer jetzt schon ein zweites Frühstück braucht, kann sich auf der Terrasse der Nattersbergalm (www.nattersberg.de) stärken. Die nächste Verschnaufpause mit Trinkwasserbrunnen bietet sich beim Pflegereck an, wo auf idyllischer Lichtung eine Waldarbeiterhütte steht.

Ab hier wird der Wald zunehmend lichter. Der Weg schlängelt sich durch wunderschöne Lärchenbestände, vom Offengelände aus weitet sich die Aussicht, die spektakulären Wände

Das Straubinger Haus bietet Übernachtungsmöglichkeiten an und ermöglicht einen Wochenendaufenthalt am Berg mit bestem Blick auf den Wilden Kaiser.

der Loferer Steinberge vor Augen. Ausweis dabei? Schilder weisen auf den Grenzübertritt zwischen Deutschland und Österreich hin. Es zeigt sich, warum diese alpine Route vom Deutschen Wanderinstitut 92 von 100 möglichen Punkten zugesprochen bekam. »Ein absolut herausragendes Ergebnis«, lobt das Wanderinstitut insbesondere die zu bestaunenden »Landschaftsbilder«, die überaus »romantische Wegeführung« und die »wunderbaren Fernblicke« des Premiumwanderwegs.

Beinah kitschig wirkt das Gelände der Durchkaseralmen, wo gern Pferde am Wegrand stehen und ein Gefühl von Harmonie von Mensch und Natur vermitteln. In offenem Latschengelände und passagenweise an einer steilen Kante entlang, im Westen die Kampenwand und der Spitzstein, zieht sich der Bergpfad Richtung Eggenalm und Straubinger Haus. Ein Abzweig leitet auf das Fellhorn: Von dort aus ist der Rundblick genial - das Panorama präsentiert die schroffen Wände des Wilden Kaisers, die Steinplatte und die Loferer Steinberge, steil aufragend über den grünen Tälern.

Hin & weg: Start am Wanderparkplatz Seegatterl, Ziel ist Reit im Winkl. Busverbindung von Prien nach Reit im Winkl. Ab da mit dem Bus zum Seegatterl.

Dauer & Strecke: 2 Tage, Auf- und Abstieg jeweils ca. 5 Std., 24 km, Aufstieg 1050 hm, Abstieg 1130 hm.

Beste Zeit: Mai–Oktober.

Ausrüstung: Typische Wanderausrüstung, mittelschwere Trekkingschuhe, Hüttenschlafsack, DAV-Ausweis. Personalausweis wegen Grenzübertritt.

Wenn es Nacht wird: Straubinger Haus (www.alpenverein-straubing.de/straubinger-haus).

Auf dem Straubinger Haus mischen sich Tagestourer und Übernachtungsgäste, allmählich weicht die Sonne einer gelassenen Abendstimmung. Es ist toll, einfach Zeit zu haben und länger oben zu bleiben, zumal Speckknödelsuppe und lustige Hüttengespräche den Abend würzen. Nach reichhaltigem Frühstück geht es zurück ins Tal nach Reit im Winkl: Nach einem kurzen Forstpistenstück zweigt der Wanderpfad ab Richtung Weissensteinalm und entpuppt sich rund um die Neualm als echtes Landschaftskleinod.

FAZIT: DAS PREMIUMPRÄDIKAT HAT SICH DER WANDERWEG VERDIENT – TOLLE BERGPANORAMEN, EINE SCHÖNE ALMENREGION UND EIN AUSSICHTSGIPFEL.

ZUM HÖCHSTEN UND ZUM GRÖßTEN

... oder vom Taubensee zum Chiemsee

#45

Wer die Landschaftseinheiten des Chiemgaus in einer Tour verbinden möchte, läuft von den Bergen Richtung Alpenvorland, immer mit bester Aussicht. Relief spüren – so lautet das Motto dieser Streckentour vom höchstgelegenen zum größten See Bayerns.

#Reliefwanderung #Naturwaldreservat #TirolundBayern #SeenEinihupf

Der Taubensee ist der höchste Badesee Bayerns: Sein Name kommt aber von der mittelalterlichen Fischzucht.

Von einer Höhe von 1165 Metern bis hinunter auf 520 Meter über Normalnull verläuft eine Wanderung, die den höchsten Badesee Bayerns mit dem größten verbindet. Idyllische Abgeschiedenheit und auf der anderen Seite Touristikrummel: Es ist eine Tour größerer Kontraste.

Zu Beginn des Ausflugs stehen Ausblicke in den »Kaiserwinkel«, denn es geht los in Kössen, das bereits knapp auf österreichischer Seite liegt. Hier starten die Raftingboote durch die Entenlochklamm und überwinden die Stromschnellen in der in Abschnitten schluchtigen Talachse der Tiroler Ache. Ganz so höhengleich ist die vorgestellte Route nicht, denn am Kössener Naturschwimmbad schraubt sich der Wanderweg in die Höhe.

Einen genialen Kaiserblick genießt man von der Taubenseehütte (www.taubensee.at) mit freier Sicht auf die schroffen Kletterwände des Wilden Kaisers. Abgeschieden und still präsentiert sich der Taubensee: Auf 1138 Metern liegt er in einer Senke, umrundet von einem urwüchsigen Waldstück. Es ist das Naturwaldreservat Vogelspitz mit seinen Schluchtwäldern und Blaugras-Buchenwäldern. Über 115 Pflanzenarten kommen hier vor, dazu 200 verschiedene Schmetterlingsarten und 170 Pilzsorten – rekordverdächtig! Oder schon mal

Waldgürtel und offenes Almengelände: In kontrastreicher Umgebung wandert man zwischen Tirol und Bayern.

etwas gehört vom Dunkelbraunen Borstenscheibling oder Hirschzungenfarm? »Tauben« hat übrigens nichts mit unseren gefiederten Freunden zu tun, sondern ist ein aus dem Mittelalter stammender Begriff für den Fischbesatz des kleinen Sees, vorgenommen von klösterlichen Fischmeistern.

Um den See herum gelangt man auf verschiedenen Varianten wieder runter vom Berg, beispielsweise über den anspruchsvollen Kroatensteig oder gemütlich und dafür länger über die Stoibenmöseralm nach Oberwössen. Entlang der Strecke bietet der Wössner See eine angenehme Erfrischungsmöglichkeit. Die Übernachtung ist entweder in Unterwössen oder in Schleching, Outdoorfreaks bauen ihr Zelt auf dem Camping Zeller See auf und können auch dort ins Wasser hüpfen.

Die Tour folgt der Tiroler Ache mit ihren Kiesbänken und Prallhängen bis hin zum Chiemsee.

Dann die Tiroler Ache entlang: Der Wildfluss weist urwüchsige Stellen auf, gerade recht zum »Sandln«, wie die Einheimischen das coole Abhängen nennen. Der weitere Verlauf führt durch Marquartstein mit seiner Burg und der kleinen, aber feinen Fußgängerzone mit Cafés. Ab Marquartstein verliert der Fluss etwas an Romantik, dafür nähert man sich zügig dem Ort Übersee und damit dem Chiemsee. Statt Bergwanderern sind rüstige Rentner auf E-Bikes unterwegs und Familien erkunden mit der Chiemseeflotte Badeufer und Inseln. Eine feine Abrundung ist ein Sundowner in Feldwies, nachdem man zuvor vielleicht selbst noch mit dem Dampfer in See gestochen ist.

Hin & weg: Start in Kössen (RVO-Bus 9509 ab Bahnhof Übersee), Ziel ist Feldwies am Chiemseestrand (RVO-Bus zum Bahnhof Übersee oder Chiemseedampfer nach Prien).

Dauer & Strecke: 2 komplette Wandertage à 7 Std., ca. 40 km, Aufstieg 865 hm, Abstieg 950 hm. Abkürzungsmöglichkeiten mit den RVO-Bussen nach Übersee oder Prien.

Beste Zeit: Mai–September.

Ausrüstung: Wandertypische Ausrüstung, mittelschwere Bergschuhe, Badesachen und evtl. Campingausrüstung.

Wenn es Nacht wird: Pensionen in Unterwössen (www.unterwoessen.de) oder in Schleching (www.schleching.de), Camping Zeller See bei Schleching (www.camping-zellersee.de).

FAZIT: DIE RELIEFWANDERUNG VON SÜD NACH NORD HAT SPAß GEMACHT, ES GAB TOLLE BERGBLICKE UND BEIM CAMPING WAR'S AUCH LUSTIG.

AM FLUSS ENTLANG

... auf dem Innradweg

#46

Der Inn ist die große Nord-Süd-Achse in der Region. Mächtige Wassermassen fließen auf dem Weg aus der Schweiz durch Tirol und auch durch den Landkreis Rosenheim. Der Innradweg führt durch die vom Fluss geprägte Kulturlandschaft – ideal für ein Radlwochenende.

#StädtemitHistorie #Kufstein #Wasserburg #Rosenheim

Kufstein mit seiner imposanten Festung bietet sich als Start der Eskapade mit vielen Badestopps an.

Wer im Rahmen einer Wochenendtour den Inn kennenlernen möchte, kann in Kufstein starten und ihn bis Wasserburg entlangradeln, am nächsten Tag geht es auf der anderen Seite nach Rosenheim retour. Auf welcher Seite radelt man am besten? Die Qual der Wahl: Die westliche Variante bietet sich für Abstecher in Orte wie Oberaudorf oder Brannenburg an, dafür stört stellenweise die Autobahn. Am Ostufer radelt man hingegen idyllischer vor sich hin, für architektonische Hingucker sorgt Erl mit seinen Festspielhäusern und noch vorher die alte Zollbrücke, auf der man auf die Oberaudorfer Seite queren könnte.

Die Landschaft offeriert zu beiden Seiten attraktive Eindrücke: Ufervegetation und Altwässer, Einzelgehöfte teils mit Biohofladen und Ortschaften ein Stück weit vom Fluss versetzt. Klar – der Inn breitete sich bei Hochwassern weit in seiner Aue aus, gezähmt wurde der mächtige Strom erst in den

letzten 100 Jahren. Unterwegs springt man mal ins kalte Wasser, der Happinger See auf der West- und der Neubeurer See auf der Ostseite warten auf verschwitzte Radler.

Halbzeit auf der Tagestour nach Wasserburg ist in Rosenheim, hier kommt man an einer alten Innplätte und am Inn-Museum vorbei. Mit einem kleinen Schlenker folgt man dem Duft so mancher Kaffeehäuser und landet in der Innenstadt am Max-Josefs-Platz mit seinen Arkadengängen. Auf dem Inndamm geht es weiter, und vielleicht hat man Glück mit Vogelbeobachtungen, denn in den Altwässern lassen sich ab und an Graugänse und Reiher nieder.

Entweder auf Asphalt und durch das Gelände des Klosters Attel oder auf einem Wanderweg rollt man nach Wasserburg hinein, der »Sieben-Achtel-Insel«. In der Altstadt stehen über 400 denkmalgeschützte Häuser als italienisch wirkendes historisches Ensemble – das Stadtbild ist ein absolutes Highlight! Wechselnde Märkte, Veranstaltungen und Kulturelles zeichnen die Perle am Inn aus, den Wendepunkt dieser Tour.

Hin & weg: Fahrradtransport mit der Bahn (Meridian) nach Kufstein, retour von Rosenheim.

Dauer & Strecke: Ein langer und ein halber Radltag (1. Tag 65 km, 2. Tag 33 km).

Beste Zeit: Frühjahr–Herbst, am schönsten im Sommer mit Schwimmeinlagen.

Ausrüstung: Touren- oder Trekkingrad, genügend zu trinken, Badesachen.

Wenn es Nacht wird: Pensionen und Hotels in Wasserburg (www.wasserburg.de).

Viele kulturelle und landschaftliche Perlen sind am Inn aufgereiht wie die Altstadt von Wasserburg oder Blicke auf den Wilden Kaiser, hier von der Kiefersfeldener Innfähre aus.

Am nächsten Tag heißt es erst mal sportlich bergauf zur Innterrasse, denn die östliche Variante verläuft etwas abseits vom Fluss und durchkurvt auf der Hochfläche zahlreiche kleine Weiler mit Landwirtschaft. Immer wieder gibt es tolle Blicke auf die Alpenkette, man fährt direkt auf die Berge zu! Nach Vogtareuth zieht der Inn die Radler wieder magisch an, und durch ein Gebiet mit vielen Altwässern fährt man zurück nach Rosenheim.

Tipp: Sportliche Münchner können ab Rosenheim entlang der Mangfall zurückradeln.

FAZIT: EINE FLUSSRADTOUR FÜR EINSTEIGER, DIE GROßE LUST MACHT AUF LÄNGERE STRECKEN.

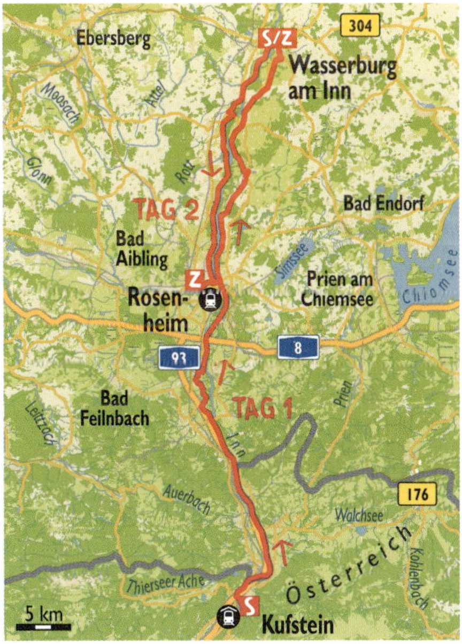

Steige, Schluchten, alte Sagen

… im Brünnsteingebiet

#47

Man muss gar nicht so weit reisen, um kontrastreiche und »sagenhafte« Berglandschaften zu erleben. Die Übernachtungswanderung auf den Brünnstein lässt alpine Atmosphäre und Klettersteigfeeling aufkommen.

Schmale Pfade, Bergwald, Schluchten und Wasserfälle, dazu noch eine Übernachtung im Brünnsteinhaus mit kraxeligem Gipfelaufstieg – und das Bergwochenende ist gesichert!

Da, wo sich der Auerbach über mehrere Felsstufen rauschend 70 Meter in die Tiefe stürzt, lebte früher ein Drache, der Tatzlwurm. Gerade recht war die tosende Schlucht für ihn und sicher gefiel ihm das farbenprächtige Schauspiel, wenn die Sonne Regenbogenfarben in die Luft zauberte. Ein riesiges Maul hatte er, Fledermausflügel und große, spitze Zähne! Seine Lieblingsspeise waren die frommen Pilger, die nach Birkenstein unterwegs waren, und manchmal gönnte er sich als Leckerbissen eine Sennerin.

Nach dem Tatzlwurm ist das Luxushotel oberhalb von Oberaudorf benannt, und hier startet die Tour. Vom Hotel aus ist es ein Klacks bis zu den spektakulären Wasserfällen – nicht nur Drachen haben an dem Schauspiel ihren Spaß! Zunächst geht es durch den Wald – an einer Stelle ist eine Minikraxelei erforderlich –, doch dann öffnet sich die Landschaft und der Weg durchzieht offenes Gelände mit besten Aussichten ins Inntal. Darüber thront der Brünnstein mit seinen immerhin 1634 Meter Gipfelhöhe. Anders als viele Waldbuckel in den Voralpen strahlt er einen Hauch alpines Feeling aus, von dem sich gern eine kleine Kolonie Steinböcke anziehen lässt.

Zwischenstation und Übernachtungsherberge ist das Brünnsteinhaus. Von hier aus geht es auf dem Dr.-Julius-Mayr-Steig auf den 1619 Meter hohen Ostgipfel mit Kapelle und Gipfelkreuz, doch Vorsicht ist geboten. Der leichte Klettersteig ist zwar seilversichert, doch bei Nässe sollte man sich den Gipfelaufstieg verkneifen. Bei trockenen Verhältnissen ist die Aussicht von oben allerdings ein Traum: das Vorland mit Chiemsee und Simssee und im Südosten die mächtigen Massive von Zahmem und Wildem Kaiser mit ihren Kletterwänden.

Nach abendlichem Zusammenhock und Hüttenfrühstück geht es wieder »awi«. Und zwar in eine der längsten und auch schönsten Schluchten der Region, die Gießenbachklamm. Der schmale Wanderpfad windet sich in vielen Serpentinen bis ganz hinunter zum Bach und zum Naturfreundehaus. Handtuch dabei? Hinten im Bachgrund fließt Gebirgswasser durch viele badetaugliche Gumpen – kalt ist gesund und es soll Leute geben, die ganzjährig in die Isar hüpfen, also hinein ins kühle Nass!

Langsam stellt sich schon wieder Hunger ein – gerade recht kommt da die Schopper Alm (www.schopperalm-inntal.de) als freundliche Einkehrstation mit köstlichen Schmankerln. Von hier aus läuft man durch die eigentliche Klamm, wo die Felsen eng zusammentreten, ein tolles Naturschauspiel. Das größte Mühlrad Bayerns, »Miss Soffi«, markiert das Finale der Schluchtentour. Gemütlich läuft man jetzt am Kieferbach entlang nach Kiefersfelden und kann sich an einem modernen Wasserkraftwerk noch von nachhaltiger Energiegewinnung begeistern lassen.

FAZIT: EINE UNGEWÖHNLICHE STRECKENTOUR MIT EIN PAAR ABENTEUERLICHEN INGREDIENZEN UND KONTRASTREICHER LANDSCHAFT.

Hin & Weg: Zum Startpunkt Hotel Feuriger Tatzlwurm mit dem Bus der Wendelsteinringlinie (z. B. ab Oberaudorf/Bahnverbindung). Zurück ab Kiefersfelden mit der Bahn.

Dauer & Strecke: 2 Tage (Tatzlwurm–Brünnsteinhaus ca. 3 Std., 6 km, Aufstieg 650 hm; Brünnsteinhaus–Kiefersfelden ca. 6 Std., 10 km, Abstieg 960 hm).

Beste Zeit: Im Sommer.

Ausrüstung: Wandertypische Ausrüstung, mittelschwere Bergschuhe, Badesachen, Hüttenschlafsack, DAV-Ausweis.

Wenn es Nacht wird: Brünnsteinhaus (www.bruennsteinhaus.de).

HÜTTEN-TREKKING

... rund ums Priental

#48

Auf den Bergen oberhalb des Prientals gesellen sich mehrere Hütten mit Übernachtungsmöglichkeit. Jeweils eine Hälfte lässt sich an einem langen Wochenende erwandern und zusammen ergibt das beinahe eine Urlaubswoche mit tollen Ausblicken und schönen Bergpfaden.

#Genusstour #immeroben #Aussichtsberge #Radlerhalbe

Mit die beliebtesten und schönsten Gipfel der Chiemgauer Alpen gruppieren sich in den Höhenzügen westlich und östlich des Prientals. Die Hochries, der Spitzstein, der Geigelstein und die Kampenwand haben alle ihren ganz speziellen Charakter. Die Mehrtagestour ist auch etwas für alpine Einsteiger, die Abstände von Hütte zu Hütte sind moderat, und der Schwierigkeitsgrad ist es auch. Wer die Einkehrschwünge unterwegs mitnimmt, macht eine Genusstour daraus.

Start und Ziel der Runde ist Aschau, besser gesagt Schloss Hohenaschau, das mit seiner markanten Position die Talachse dominiert. Vom Schloss aus windet sich ein serpentinenreicher Weg hinauf zur Hofalm, wo man sich für den Aufstieg schon mal eine Radlerhalbe

»A gscheites Holz vor der Hütt'n«: Der Stapel fand sich an der aussichtsreich gelegenen Schreckalm auf der Variante beim Aufstieg zur Priener Hütte.

gönnen darf. An der Riesenhütte vorbei und weiter bergauf peilt man das Hochrieshaus als erste Übernachtungsstation an. Tagsüber sind

hier viele Gleitschirmpiloten – das Ambiente des Rosenheimer Hausbergs gibt schon einiges her.

Den ganzen nächsten Tag gelangt man auf einer weniger begangenen Etappe über Predigtstuhl und Klausenhütte zum Spitzsteinhaus, der zweiten Übernachtung. Das Bergsteigerdorf Sachrang ist Zwischenstation und Wendemarke der Tour, wenn man sie hier schon beenden will.

Zur Priener Hütte als kommender Übernachtungsstation führen mehrere Varianten. Sehr schön ist die Strecke über die Schreckalm, man kann aber auch über Wildbichl Alm und Wandberghaus laufen auf der schon tirolerischen Seite des Chiemgaus.

Der vierte Wandertag ist bezüglich der Naturbeobachtungen der vielleicht ergiebigste auf der Hüttentour, denn die Route führt Richtung Geigelstein, den »Blumenberg« des Chiemgaus. Es ist zwar ein einstündiger Abstecher, aber diesen sollte man sich wegen des gigantischen Ausblicks auch in Richtung Alpenhauptkamm nicht entgehen lassen! Fast unwirklich ruhig wird es auf der Route über die Rossalm zum Weitlahnerkopf, nur wenige Wanderer sind hier unterwegs, gerade hier sind die Landschaftseindrücke wegen der niedrigen Latschenvegetation und der weiten Blicke phänomenal.

Quasi von der Rückseite her pirscht man sich an die meist hochfrequentierte Kampenwand an, doch vorher kann man noch in Ruhe die

Die Übernachtungsstationen auf der Tour wie hier das Spitzsteinhaus haben fast das ganze Jahr geöffnet. Rechts: Bergsteigerdörfer werden für ihr nachhaltiges Leitbild prämiert.

Käsebrotzeiten auf der Dalsenalm oder der Hofbauernalm genießen. Letzte Übernachtungsstation ist die Sonnenalm, die nahe an der Bergstation der Kampenwandseilbahn liegt. Wem es pressiert, lässt die Bergübernachtung sausen und läuft oder schwebt von hier zurück nach Hohenaschau. Allerdings entgeht einem am nächsten Tag dann der Schlenker zur Steinling Alm mit dem Premiumgipfel der Kampenwand und ihrem königlichen Chiemseeausblick.

FAZIT: HÜTTENTREKKING IN DER HEIMAT MIT ALLEM DRUM UND DRAN, VON NATURBEOBACHTUNG UND LAUSCHIGEN BERGPFADEN BIS ZUR URIGEN EINKEHR.

Hin & weg: Parken unterhalb des Schlosses Hohenaschau. Oder mit der Bahn nach Prien, dann weiter mit dem Regionalbähnchen von Prien nach Aschau, ½ Stunde zu Fuß bis Hohenaschau.

Dauer & Strecke: 5 Wandertage, individuell abkürzbar, insgesamt 43 km, 3070 hm Auf- und Abstieg (Hohenaschau–Hochrieshaus 4 Std.; Hochrieshaus–Spitzsteinhaus 4 Std.; Spitzsteinhaus–Priener Hütte 6–7 Std., Priener Hütte–Sonnenalm 5 Std.; Sonnenalm–Hohenaschau 2,5 Std).

Beste Zeit: Mai (nach schneereichen Wintern kann es noch Schneefelder geben) bis Herbst.

Ausrüstung: Typische Wanderausrüstung, mittelschwere Wanderschuhe, DAV-Ausweis, Ohrenstöpsel gegen nächtliche Schnarchorgien.

Wenn es Nacht wird:
Hochrieshütte (DAV, www.hochrieshuette.de), Spitzsteinhaus (DAV, www.spitzsteinhaus.info), Priener Hütte (DAV, www.prienerhuette.de), Sonnenalm (privat, www.kampenwand.de).

AUF KÖNIGS SPUREN

... der Maximiliansweg Teil 1

#49

Nach dem Auftakt am Bodensee schlängelt sich der Maximiliansweg entlang der historischen »Königsreise« von Maximilian II. durch Bregenzer Wald, Allgäu und Ammergauer Berge, dann durch die bayerischen Voralpen. Die letzte Wanderwoche führt durch die Chiemgauer Berge bis hin zum Finale am Königssee.

#königlichwandern #vonBalkonzuBalkon #Chiemseeblicke

Königliche Aussichten wie hier auf den Chiemsee vom Sulten aus und intime Plätzchen – der Maximiliansweg bietet all das und noch mehr!

Im Jahr 1858 bereiste der bayerische König Maximilian II., ein glühender Förderer der Wissenschaften und Künste, mit einer größeren Gruppe und meist zu Pferd die bayerischen Alpen auf der Strecke vom Bodensee bis zum Königssee. Die Reisenden übernachteten beim Landadel und in Gasthäusern, unternahmen Bergtouren und Bootsfahrten.

Heute kann man in unterhaltsamem Auf und Ab dieser historischen Reiseroute folgen und von der Balkonsituation der Aussichtsberge in das weite Alpenvorland und bis hinüber zum Hauptkamm blicken. Wer sich speziell den Chiemgau in einer knappen Woche vornimmt, startet im Flößerort Nussdorf am Inn. Ganz gemächlich geht es zunächst im Ort den Mühlenweg entlang, dann am Steinbach nach Mühlthal. Nächste Station ist das Duftbräu, über die Spatenau, oder länger über das Feichteck, steigt man hinauf zur ersten Übernachtung auf die Hochrieshütte, die auch gern von Gleitschirmfliegern frequentiert wird – ein schönes Ambiente!

Die Strecke führt über die Kampenwand mit ihrem riesigen Gipfelkreuz – oder drumherum – und bietet auch immer wieder beste Einkehrmöglichkeiten wie hier in der Steinling Alm.

Nächste Übernachtung wäre die Sonnenalm. Dorthin führt der Weg erst einmal ins Priental, vor dem Abstieg nach Hohenaschau wirkt die Hofalm noch als Einkehrmagnet. An der Kampenwandseilbahn beginnt der schweißtreibende Aufstieg auf einem Ziehweg durch den Wald, der am Liftstüberl offenes Gelände erreicht. Oben empfängt einen der typische

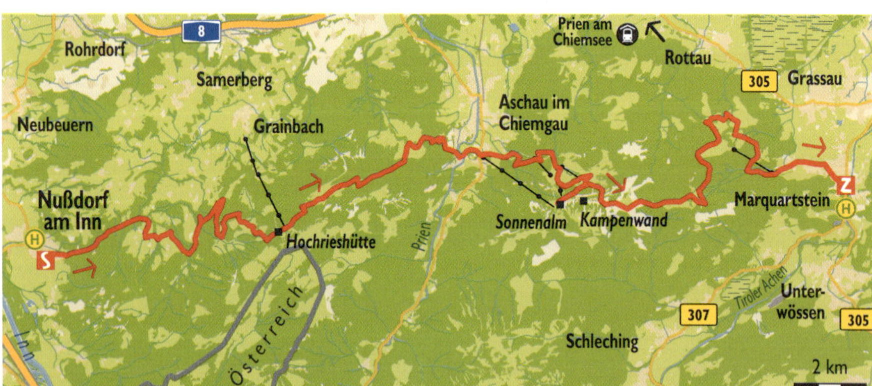

Nach einer alten Sage sind die auffälligen Felsformationen verwunschene junge Burschen, die es auf der Steinling Alm zu übermütig getrieben hatten.

Kampenwand-Bergrummelplatz: Biker kämpfen sich die Steigung hinauf oder nehmen es als E-Biker etwas lockerer, Familien mit Kindern begeistern sich an Kühen und einer Apfelschorle im Almenrevier und mit etwas Glück beobachtet man Kletterer an einzelnen exponierten Wänden.

Wer den Chiemsee in voller Schönheit betrachten möchte, spaziert auf einem Schlenker noch zum Sulten oder erklimmt den Kampenwandgipfel, eine gewisse Herausforderung mit seilgesicherter Passage und frechen Bergdohlen, die sich gern mit mitgebrachter Brotzeit locken lassen.

Am nächsten Tag umrundet der Weg den Kampenwandgipfel und verläuft auf dem Kamm über die Piesenhauser Hochalm an der Hochplatte vorbei (Konditionsbolzen nehmen auch diesen Gipfel noch mit). Auf verschiedenen Varianten, beispielsweise über die Hefteralm, wandert man in das nächste Tal, diesmal in das der Ache, und erreicht den Zielort Marquartstein.

Hin & weg: Nach Nussdorf von Rosenheim aus mit dem RVO-Bus 9490. Von Marquartstein zurück mit RVO-Bus 9505 nach Prien, dann weiter mit der Bahn.

Dauer & Strecke: 3 Tage, 43 km, 2300 hm Aufstieg, 2260 hm Abstieg (Nussdorf–Hochrieshütte 4 Std.; Hochrieshütte–Sonnenalm 6–7 Std.; Sonnenalm–Marquartstein 5 Std.). Die Tour ist individuell abkürzbar.

Beste Zeit: Mitte/Ende Mai–Herbst.

Ausrüstung: Typische Wanderausrüstung, mittelschwere Wanderschuhe, DAV-Ausweis.

Wenn es Nacht wird:
Hochrieshütte (DAV, www.hochrieshuette.de), Sonnenalm (privat, www.kampenwand.de), Hochgernhaus (privat, www.hochgernhaus.de).

Tipp: Wer noch einen Tag dranhängen möchte, schwingt sich zu weiterer sportlicher Leistung empor: Oben am Berg wartet jedenfalls das Hochgernhaus auf Übernachtungsgäste. Manchmal gibt es außen ein Lagerfeuer – ganz in der Nähe der vielen Murmeltiere.

FAZIT: SPORTLICHES TEILSTÜCK DER FERNWANDERUNG MIT TOLLEN AUSBLICKEN UND KONTRASTEN ZWISCHEN RUMMEL TAGSÜBER UND LAUSCHIGEN HÜTTENABENDEN.

EINES KÖNIGS REISE

... der Maximiliansweg Teil 2

#50

»Der ganze Chiemgau ist eine kleine Welt für sich mit in Jahrtausende zurückreichenden Kulturwurzeln und voll anheimelnder Reize, deren glänzenden Mittelpunkt der See mit seinen traulichen Inseln bildet.« So kommentierte Friedrich von Bodenstedt, der Sekretär von Maximilian II., die Landschaft auf der »Königsreise« im Jahr 1858.

#Holereiduljöh #Hochfelln #Hochgern #Königssee

Am Hochstaufen oberhalb von Bad Reichenhall bewegt man sich als Bergwanderer in alpinem Gelände.

Die Chiemseeinseln gleichen Schiffen im See von den Aussichtsgipfeln aus. Einer von ihnen ist der Hochgerngipfel, den man am besten gut gestärkt von der ersten Übernachtungsstation Hochgernhaus aus oberhalb Marquartsteins erreicht. Zum Hochgernhaus folgt man ab Marquartstein zunächst der Markierung E4, dann der Beschilderung Hochgernhaus.

Führte der untere Teil der Tour noch durch Bergwald, dominiert in der Gipfelregion Latschenbewuchs, wodurch man eine prächtige freie Sicht in alle Richtungen genießen kann. Ein wenig bleibt man oben auf dem Weg nach Osten, bevor der Bergpfad sich hinunterwindet zur idyllischen Bischofsfellnalm. Beinahe etwas zivilisationsfern und verwunschen durchquert man das Tal mit der Eschelmoos-Diensthütte auf schmalem Weg. Es sind immerhin noch gut 600 Höhenmeter zum nächsten Aussichtsbalkon, dem Hochfelln. Die Markierungen laufen hier gleich mit der Via Alpina und dem E4, zwei weiteren großen Fernwanderwegen im Alpenraum.

Das verzweigte Wegenetz in den Chiemgauer Alpen ermöglicht viele Wandervarianten. Rechts die Kohleralm – willkommene Einkehrstation nach dem sportlichen Aufstieg von Inzell aus.

Durch Latschengebüsch nähert man sich dann dem Hochfellnhaus und dem Gipfel, den ein alpiner Lehrpfad mit vielen Infos zur Pflanzen- und Tierwelt umrundet. Das Hochfellnhaus (www.hochfelln.de) punktet mit großartigem Panorama, manchmal finden in dieser Höhenlage sogar Jodelkurse statt – holereiduljöh, viel Vergnügen beim Üben! Der Abstieg zwischen Strohnschneid und Thorauschneid zieht sich etwas und über den Weiler Egg erreicht man schließlich den Talort Ruhpolding als nächste Übernachtungsstation. Wer nach der langen Tour einen Schuss Wellness benötigt, ist im Vita Alpina (www.vita-alpina.de) gut aufgehoben bei Sauna und Wellenbad.

Die nächste Etappe erfordert etwas Planungsgeschick: Entweder man ist extrem gut zu Fuß und läuft eine sehr weite Strecke oder man überbrückt ein Stück mit dem Bus, und zwar nach Inzell. Die Extremwanderer lassen sich

---

Hin & weg: Nach Marquartstein mit dem RVO-Bus 9505 ab Prien (Bahnanschluss), zurück von Bad Reichenhall oder Berchtesgaden mit der Bahn.

Dauer & Strecke: 5 Tage, 66 km, 3200 hm Auf- und Abstieg (Marquartstein–Hochgernhaus 3 Std.; Hochgernhaus–Ruhpolding 7 Std.; Ruhpolding–Bad Reichenhall 8–9 Std., abkürzbar mit dem Bus bis Inzell; Bad Reichenhall–Berchtesgaden 4,5 Std.).

Beste Zeit: Mitte Mai–Herbst. Die Tour ist individuell abkürzbar.

Ausrüstung: Typische Wanderausrüstung, mittelschwere Wanderstiefel, DAV-Ausweis.

Wenn es Nacht wird: Hochgernhaus (privat, www.hochgernhaus.de), Pensionen und Hotels in Ruhpolding (www.ruhpolding.de), Reichenhaller Haus (DAV, www.dav-badreichenhall.de), Unterkünfte in Bad Reichenhall (www.badreichenhall.de).

Ein Schmankerl zum Finale: Mit einer Bootsfahrt über den Königssee nach Sankt Bartholomä klingt die königliche Reise auf dem Maximiliansweg aus.

nicht abschrecken, starten früh und laufen am Froschsee vorbei nach Inzell hinein. Von dort aus peilt man den Weiler Einsiedl mit seiner hübschen Kirche an. Nach einem anstrengenden Anstieg mit vielen Serpentinen durch den Wald ist die Kohleralm eine hervorragende Pausenstation, leider ohne Übernachtungsmöglichkeit, ebenso wie die Zwieselalm.

Einzige Bergübernachtung nach einer Variante ist das Staufen- beziehungsweise Reichenhaller Haus, oder man sucht sich ein Quartier in Bad Reichenhall. Eigentlich ist man mit der Überquerung des Staufen bereits aus dem Chiemgau hinausgewandert, doch lässt sich die Route gut bis Berchtesgaden fortsetzen.

Tipp: Um den »Maxiweg« wahrhaft königlich abzuschließen, bietet sich zu Fuß oder per Bus noch ein Finale an, das man mit einer Bootstour über den Königssee und einem Biergartenbesuch bei der Wallfahrtskirche St. Bartholomä krönen kann.

FAZIT: REIZVOLLES FINALE DER FERNWANDERUNG MIT AUSBLICKEN AUF DEN STAUFEN UND DEN WATZMANN.

→ MINIURLAUB …

SKANDI-NAVISCHE LANGLAUF-TRÄUME

… zwischen Reit im Winkl und Ruhpolding

#51

In einem stabilen Skiwinter mit viel Schnee und guten Bedingungen warten rund um Reit im Winkl, Ruhpolding und Inzell viele Loipenkilometer auf die Langlaufsportler. Das Loipennetz im östlichen Chiemgau ist sogar ausreichend für eine Wochenendtour mit Übernachtung!

#Lungentraining #Auspowern #gleitenimWinterwald #Windbeutelgräfin

Die hinteren Winkel des Chiemgaus sind besonders schneesicher und ein Dorado für Fans der nordischen Disziplinen, wie der Biathlon-Weltcup in Ruhpolding jedes Jahr aufs Neue zeigt. Sogar noch ohne die Hochloipen auf der Hemmersuppenalm mitzuzählen, kommt man im Verbund von Reit im Winkl, Ruhpolding und Inzell auf über 100 Loipenkilometer in allen Schwierigkeitsstufen. Dies ist nicht nur für die Konditionsbolzen der jährlichen Chiemgau-Trophy attraktiv, sondern auch für Normalsportliche, und dann mit gemütlicher Übernachtung, Saunabesuch und Einkehrschwung.

Los geht's in Reit im Winkl, an der Tourist-Info steigt man in die Loipe ein. Das offene Gelände ist ein Traum und ideal, um sich warmzulaufen. Etwas »zapfiger« geht es durch den Wald zum Seegatterl und zur Seilbahn zur Winklmoosalm. Nach fordernden Anstiegen

Mit etwas Kreativität, guten Loipenplänen als Informationsgrundlage und Lust auf Wintersport kann man zwischen Reit im Winkl und Ruhpolding sein persönliches, mehrtägiges Langlaufkunstwerk entwerfen. Für Stärkung unterwegs und Entspannung danach ist gesorgt!

und Abfahrten erreicht man ein absolutes Landschaftshighlight, die zugefrorene Seenplatte von Löden-, Mitter- und Weitsee – die auch »Klein-Kanada« genannte Szenerie ist ein Traum in Weiß!

Ein Check gilt der Mitterseehütte, denn diese ist an sonnigen Tagen ein beliebter Zwischenstopp für Brettlfans. Sonst wartet ein paar Kilometer und einige Schweißtropfen weiter das Seehaus (www.seehaus-ruhpolding.de), das am nicht zufrierenden Förchensee mit heißen Suppen und alkoholfreiem Weißbier punktet. So gestärkt, passiert man das Ruhpoldinger Biathlonzentrum, die Chiemgau-Arena.

Auf der Madshusloipe gleitet man locker (oder schnauft schwer ...) in die Ortsmitte von Ruhpolding. Ab zur vorgebuchten Pension und dann zum Genussprogramm: Kaffee (Tipp: Windbeutelgräfin, www.windbeutelgraefin.de) und gute einheimische Küche (Tipp: Post, www.hotel-post-ruhpolding.de). Richtig entspannend ist ein Abend im Vita Alpina mit Sauna und Wellenbad (www.vita-alpina.de). Gut frühstücken ist auch angesagt, denn die Froschseeloipe am nächsten Tag hat es in sich.

Der Auftakt ist noch locker-leicht, denn das erste Stück verläuft fast eben auf der Grashofloipe. Doch dann kommt ein Steilstück, das gute Technik voraussetzt. Aber es lohnt sich, denn die Route zum Froschsee ist Landschaftsgenuss pur. Aus dem verschneiten Ambiente schauen noch das Dach der Badehütte und ein Stück vom Steg heraus. Über allem thront der Hochstaufen, der Hausberg von Inzell – eine mächtige Winterwand mit steiler Felsflanke und die östliche Grenze des Chiemgaus. Vom Froschsee aus kann man auf einer Verbindungsloipe weiter nach Inzell, oder man übt sich auf dem Rückweg in Loipenabfahrtstechnik mit bester Aussicht auf »Ruah'perding«.

Tipp: Das »Gesamtkunstwerk« ist erweiterbar mit den Loipennetzen von Walchsee und Kössen mit noch einer Übernachtung.

FAZIT: EIN ABSOLUTER LOIPENTRAUM – DIE BEWÄLTIGUNG VON »STRECKE« IM WEITLÄUFIGEN NETZ VERMITTELT EIN ERFOLGSERLEBNIS UND EINEN HAUCH VON WINTERLICHER FREIHEIT.

Hin & weg: Mit RVO-Bus 9505 von Prien nach Reit im Winkl oder mit dem RVO-Bus 9506 ab Ruhpolding. Ruhpolding ist mit der Bahn an Traunstein angebunden, der Loipeneinstieg ist nur 5 Minuten zu Fuß vom Bahnhof entfernt. Entlang der genannten Loipen verlaufen Buslinien für Abkürzungsmöglichkeiten.

Dauer & Strecke: 2 Tage, gesamt ca. 43 km (Reit im Winkl–Ruhpolding 4 Std., 25 km; Froschseeloipe inkl. Grashofloipe 3 Std., 18 km).

Beste Zeit: Hochwinter (Januar, Februar).

Ausrüstung: Typische Langlaufausrüstung, Wechselwäsche, zweites Paar Handschuhe und warme, klein verpackbare Jacke.

Wenn es Nacht wird: Hotels und Pensionen in Ruhpolding (www.ruhpolding.de).

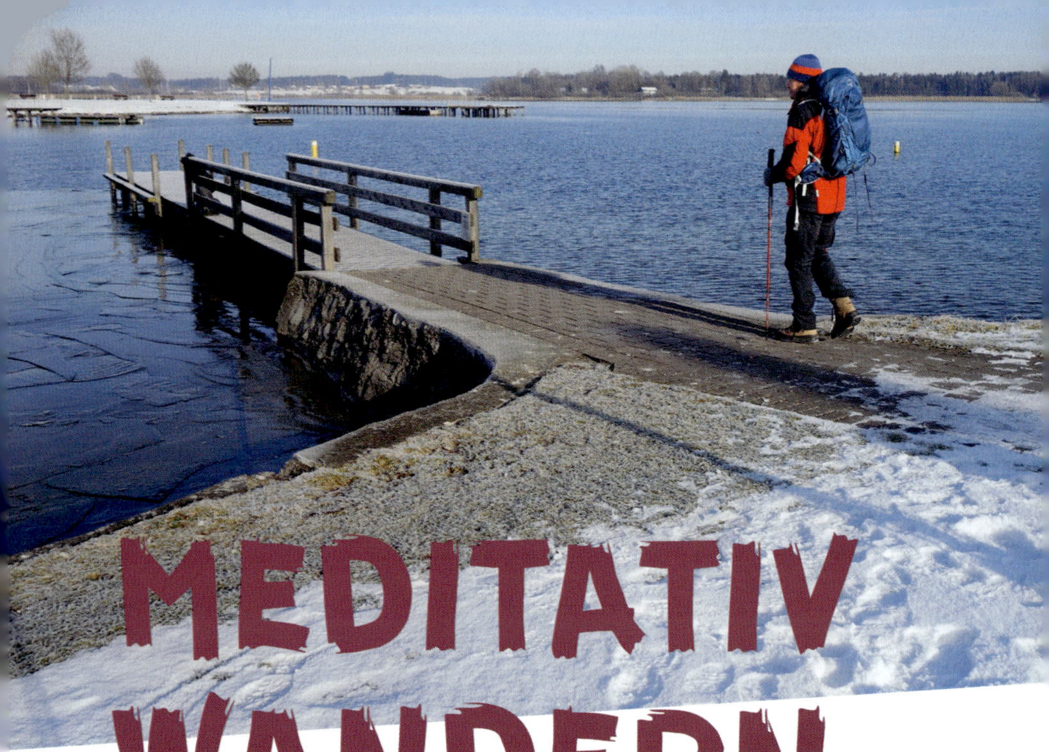

MEDITATIV WANDERN

... um den winterlichen Chiemsee

#52

Endlich Stille. Außerhalb der Sommersaison und des damit verbundenen Trubels auf den Uferwegen präsentiert sich der Chiemsee als meditative Ruhezone. Eine Wochenendwanderung führt zu stillen Winkeln, Besuch der Inseln inbegriffen.

#wanderninderStille #Winterlandschaften #Eisschollen #SchlossimSchnee

Ein leichter Dunst liegt noch über dem See beim Schiffsanleger in Prien, wo es sonst so richtig wimmelt vor lauter Besuchern, Schiffstouristen und Seeuferbummlern. Doch jetzt ist nur wenig los, denn es ist Winter, und auch die Region rund um den Chiemsee ist verschneit. Man stellt sich die Frage, was alles fehlt: Es fehlen beispielsweise die Seeumradler, die Segelboote, und freilich findet die Gastronomie drinnen statt und nicht in den vielen Biergärten am Ufer. Die Kunst der Reduktion und des Minimalismus.

Es ist schön, im eigenen Rhythmus loszumarschieren ohne häufiges Ausweichen auf dem zunächst schmalen Uferweg. Aus der Stille heraus erfolgt Konzentration. Der Blick fängt Details ein, einzelne Schilfhalme, Eisschollen, Häuser am gegenüberliegenden Ufer. Die Schafwaschener Bucht bei Rimsting ist am Ufer zugefroren. Hier drehte man den Film »Zwei Herren im Anzug«, in dem der Schauspieler Sepp Bierbichler auf einer Eisscholle im Chiemsee treibt.

Auf dem Uferweg geht es in leichtem Auf und Ab durch ein Wäldchen nach Gstadt, wo man das erste Mal übernachtet und von wo aus man zu den Inseln startet: Auf der Herreninsel lädt ein Rundwanderweg ein, er führt unter alten Bäumen hindurch und am Kanal entlang direkt auf Schloss Herrenchiemsee

zu. Die Schlossführung dauert länger als im Sommer, es bleibt Zeit für die eine oder andere Zusatzinformation oder recht kurzweilige Anekdoten. Auf der Fraueninsel sind einige Besucher unterwegs, sie schauen sich in Ruhe die Auslagen der Kunsthandwerker an, das Kloster und die Gaststätten bieten Schutz vor Kälte und leichtem Wind.

Seebruck ist nicht nur durch die römische Vergangenheit interessant, sondern auch durch die Alz, den nördlichen Chiemseeabfluss. Auf stillen Uferwegen und mit Blicken auf die glatte Seeoberfläche und die Alpenkette erreicht man als nächste Übernachtungsstation Chieming mit seiner langen Uferpromenade und den Bootsstegen. Man sitzt gut mit einem Kaffee und einem Stück Kuchen in der Nachmittagssonne und genießt die Ruhe ringsum bis zum viel zu frühen Sonnenuntergang.

Die Schlussetappe am dritten Wandertag birgt noch mehrere Kleinode für Naturbeobachtungen. Bei Grabenstätt kann man auf einen Vogelbeobachtungsturm steigen, in der Hirsch-

Schnee und Eis bilden im Winter eigene Formen, Strukturen und geometrische Muster heraus – wie hier auf Herrenchiemsee (links und Mitte) und auf einem Bootssteg auf der verschneiten Fraueninsel (rechts).

auer Bucht und bei Lachsgang warten weitere auf die Wanderer. Entlang der Autobahn, dafür mit Sicht auf den See, führt die Route weiter nach Bernau. Am dortigen Ufer erreicht man eine Art Freizeitmeile mit dem Badehaus (www.sallers-badehaus.de) für einen Zwischenstopp. Das Finale nach Prien führt durch kleine Wälder in Seenähe und am Yachtclub vorbei ist bald wieder der Schiffsanleger erreicht.

Tipp: Zum Ausklang noch ins Prienavera-Hallenbad mit Saunabetrieb direkt am Ufer (www.prienavera.de)!

Hin & weg: Mit dem Auto nach Prien-Stock über die Autobahnausfahrten Frasdorf oder Bernau. Mit der Bahn gute Verbindungen nach Prien, dann zu Fuß 20 Minuten zum See.

Dauer & Strecke: 3 Wandertage, insgesamt 58 km (Prien-Stock-Gstadt 14 km; Gstadt-Chieming 16 km; Chieming-Prien-Stock 28 km, mit den Inseln plus ca. 10 km). Die Strecke lässt sich individuell abkürzen.

Beste Zeit: Ganzjährig, jede Jahreszeit hat ihre Reize. Im Sommer lockt der Badesee, im Winter die Stille.

Ausrüstung: Typische Wanderausrüstung mit mittelschweren, wintertauglichen Wanderschuhen, Fernglas für Vogelbeobachtungen.

Wenn es Nacht wird: Hotels und Pensionen in Gstadt (www.gstadt.de) oder sehr reizvoll auf der Fraueninsel (www.hotel-inselwirt.de und www.linde-frauenchiemsee.de); Chieming (www.chieming.de).

FAZIT: STILLE STRECKENWANDERUNG MIT MEDITATIVEM CHARAKTER.

SONST NOCH WICHTIG

Ein- und Überblick

Karten für den schnellen Überblick, praktische Tipps, mehr über den Autor sowie ein Ortsregister zum schnellen Nachschlagen gibt es auf den folgenden Seiten.

GPX-Download aufs Smartphone – so geht's

Voraussetzung:

Eine Outdoor-App muss installiert sein, z. B. KOMPASS, Outdooractive oder komoot. Zum Einlesen des QR-Codes benötigen Android-Geräte eine QR-Code-App. Bei iOS-Geräten ist diese Funktion in der Kamera integriert.

Daten downloaden:

1. Den QR-Code einlesen oder die Webadresse im Browser eingeben, um auf die Eskapaden-Website zu gelangen.
2. Die gewünschte Tour zum Download anklicken.
3. Bei iOS-Geräten werden die GPX-Daten direkt mit der vorab installierten App verknüpft. Bei Android-Geräten muss ggf. noch ein Weiterleiten-Button angeklickt werden (z. B. oben rechts im Display). Manche Apps zeigen den Tourverlauf starr an, andere verfügen über eine Navigationsfunktion.

Tourenverlauf

GPX-Daten zum kostenlosen Download
www.dumontreise.de/eskapaden/chiemgau

short.travel/wgi9s

uf den folgenden Seiten: Die Eskapaden in drei
bersichtskarten von Brannenburg bis Berchtesgaden.
ie Ziffern stehen für die Eskapaden-Nummern.

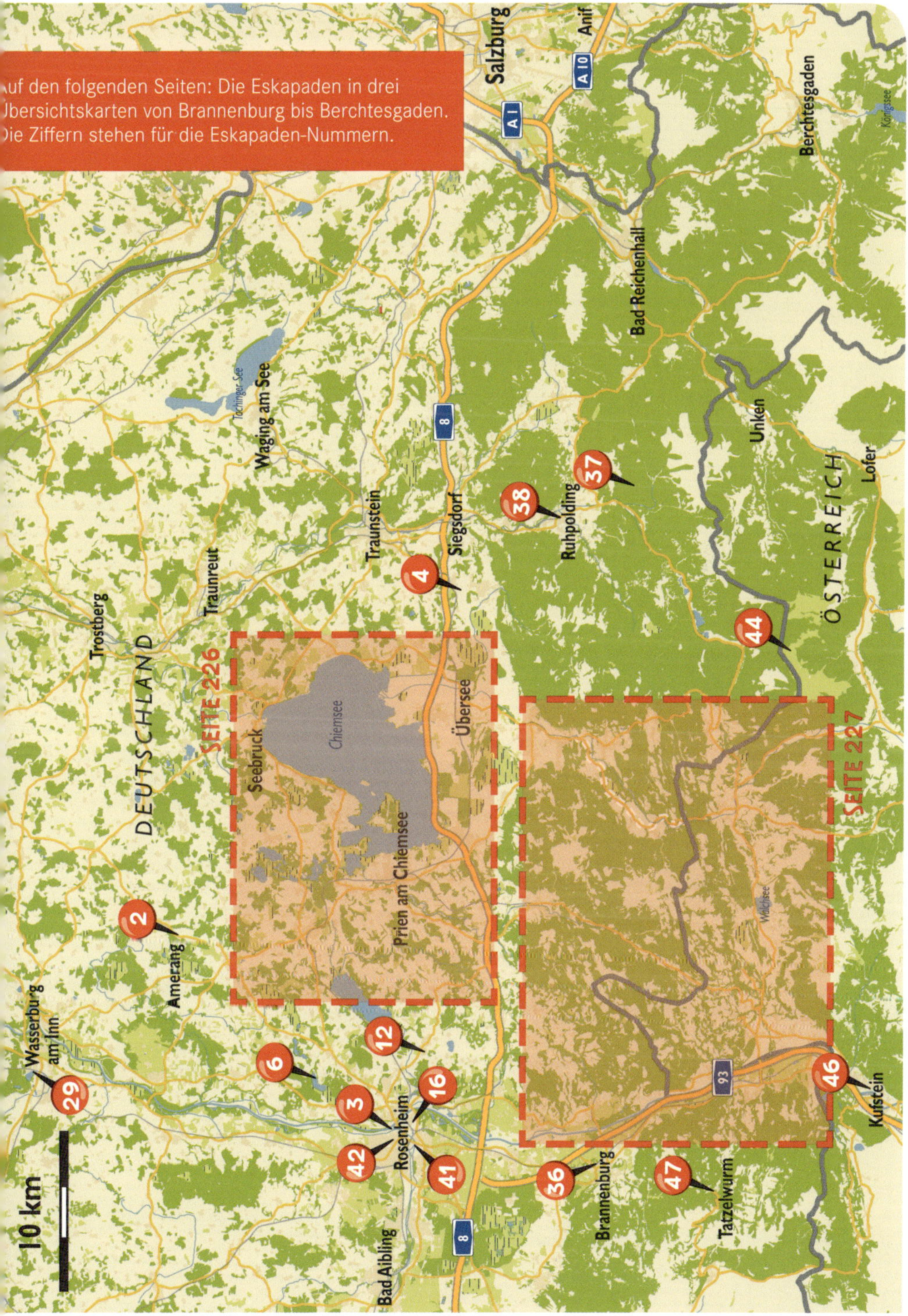

Weitmoos
Seebruck
Lüginger See
Tümpel
Pelhamer See
Liensee
Hartsee
Hofsee
Blassee
Ising
Gollenshausen am Chiemsee
Hemhof
Bad Endorf
Thaler See
Langbürgner See
Chieming
Stettner See
Antwort
Gstadt am Chiemsee
Simssee
Gumpensee
Chiemsee
Urfahrn
Frauenchiemsee
Greimharting
Herreninsel
Prien am Chiemsee
Tiroler Ache
Atzing
Grabenstätt
Prutdorf
Feldwies
Winkl
Pfaffenbichl
Wildenwart
Hittenkirchen
Förchensee
Kohlstatt
Bernau am Chiemsee
2 km
8
305

Neubeuern
Nußdorf am Inn
Steinbach
Inn
A 93
Erl
Oberaudorf
Kiefersfelden
Hödenauer See
Hechtsee
Niederndorf
Ebbs
175
Oberndorf
Sachrang
Aschau
im Chiemgau
Prien
175
DEUTSCHLAND
ÖSTERREICH
Walchsee
172
Ettenhausen
307
Kössen
Grassau
305
Staudach
Marquartstein
Unterwössen
Wössener See
305
Reit im Winkl
172
Großache
176
3 km

NOCH MEHR ESKAPADEN …

ISBN 978-3-7701-8075-2

ISBN 978-3-7701-8088-2

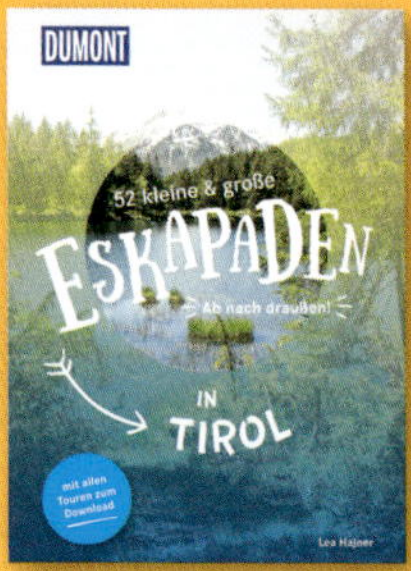

ISBN 978-3-616-11005-9

… erhalten Sie im gut sortierten Buchhandel
und unter www.dumontreise.de

IMPRESSUM

Reihenkonzept Monique Sorban

Projektmanagement Svenja Heinle

Cover-/Buchgestaltung & Illustrationen Carolin Weidemann, Köln, www.weidemann-design.com

Layout & Satz Sieveking • Agentur für Kommunikation, München, www.sieveking-agentur.de

Lektorat Dr. Barbara Münch-Kienast, Andechs, www.barbara-muench-kienast.de

Texte & Fotos Andreas Friedrich, Rosenheim; mit folgenden Ausnahmen: iStock/hardyno (Titelseite); DuMont Bildarchiv/Thomas P. Widmann (S. 4), Georg Füchtner (S. 5), Wikimedia Commons/Jörg Braukmann (S. 205 l.), Ruhpolding-Tourismus (S. 214/215)

Kartografie © KOMPASS, Innsbruck, unter Verwendung von Kartendaten von OpenStreetMap, Lizenz CC-BY-SA 2.0

Printed in Poland

2. Auflage 2021

ISBN 978-3-7701-8095-0
www.dumontreise.de

FSC www.fsc.org MIX Paper from responsible sources FSC® C139602

GUT ZU WISSEN ...

Hüttenübernachtung

Als DAV-Mitglied spart man bei der Übernachtung in Alpenvereinshütten. Frühzeitig informieren und reservieren sind angesagt bei der Tourenplanung, denn trotz des Wanderbooms sind wegen Naturschutzüberlegungen keine neuen Hütten hinzugekommen. Und: Ohrenstöpsel wegen Schnarchkonzert mitnehmen!

Sicherheit & Notfälle

Die Berge sind kein Spielplatz. Doch auch mit größter Umsicht lassen sich Gefahren nicht immer rechtzeitig erkennen und vermeiden. Im Fall der Fälle die zentrale europäische Notrufnummer 112 (gebührenfrei) wählen und so die Bergwacht und andere Rettungsdienste alarmieren.

Karten

Unterwegs sollte man unbedingt die entsprechende regionale Wander- oder Radlkarte dabeihaben. Die meisten Touren im Buch werden abgedeckt mit dem Standardblatt Chiemsee beziehungsweise Chiemgau (Kompass oder Bayerisches Vermessungsamt, Maßstab 1:50 000). Außerdem gibt es von Kompass und vom ADFC gute Fahrradkarten für die Region.

Geschmackssachen

Mit vegan tut man sich noch schwer in den Einkehrstationen, produzieren die Almen doch traditionell Käse und Milch. Doch zumindest als Vegetarier hat man gute Karten in Berggasthöfen und Alpenvereinshütten und kann sich Spinatknödel, Suppen und Salate schmecken lassen. Für regionale Zutaten bürgt das Alpenvereinsprojekt »So schmecken die Berge«.

Ohne Auto

Die meisten Touren in diesem Buch sind auch mit öffentlichen Verkehrsmitteln möglich. Zugverbindungen gibt es zwischen München, Rosenheim und Salzburg und zwischen Kufstein, Rosenheim und Wasserburg. Von Bad Endorf startet in der Saison der LEO – meist als Triebwagen und manchmal als Dampfzug. Zwischen Prien-Bahnhof und dem Chiemseeufer in Prien-Stock schnauft im Sommer der Feurige Elias. Busverbindungen: RVO Oberbayern (www.rvo-bus.de).

ESKAPADEN-REGISTER ...

Alle Orte mit Seitenverweisen

ANDREAS FRIEDRICH

... über den Autor

Andreas Friedrich hat es als gebürtigen Würzburger nach Rosenheim gezogen, wo er die vielfältige Umgebung und die Natur im Chiemgau sehr zu schätzen weiß. Die Qual der Wahl gibt es oft bei den reichhaltigen Freizeitmöglichkeiten: Mountainbike, Rennrad, Boot oder die Wanderstiefel? Und im Winter Langlauf- oder Tourenski oder doch lieber den Rodelschlitten?

Der Autor schreibt für verschiedene Magazine über Trekking und Radtouren und für eine regionale Tageszeitung über Jazzkonzerte, Kabarett und Kino.

Auf dem Barfußpfad

Eskapade #1: Mut zum Material unterm Fuß – Steine, Holz, Gras, Sand sind wunderbare Naturelemente, die wir mit unseren Füßen erspüren können. Schon nach ein paar Versuchen stellt sich ein gewisses Wellnessgefühl ein, aktiv erarbeitet.

Ohren auf

Eskapade #16: Einen Besuch in Rosenheim kann man musikalisch perfekt ausklingen lassen – mit einem Besuch im Musikclub Le Pirate (www.lepirate-rosenheim.de), Rosenheims »Jazzwohnzimmer« mitten in der Stadt. Auch andere Musikstile sind hier vertreten.

5 BESONDERE EMPFEHLUNGEN …

Marktgeschehen

Eskapade #14: Obacht geben, ob zufällig in Niederaudorf gerade Markttag ist, denn hier gibt es spezielle Produkte aus der kleinen Ortschaft, liebevoll zubereitete Köstlichkeiten und Kunsthandwerk (www.niederaudorf.com).

Rumsandln

Eskapade #32: An den Kiesbänken der Tiroler Ache lässt es sich bestens »sandln« oder »flackn«, wie die jungen Bayern das Chillen nennen.

Leinwand frei in Bad Endorf

Eskapade #42: Abends oder bei Schlechtwetter vom Campingplatz direkt in die örtliche Kulturszene – in Marias Kino (www.marias-kino.de) laufen die besten Programmfilme unter Regie der ehrenamtlichen Filminitiative. Allein der charmante alte Kinosaal ist schon einen Besuch wert und manchmal sind Schauspieler und Regisseure zu Gast.